INSTITUT „FINANZEN UND STEUERN" e.V.

Postfach 7269
53072 Bonn

IFSt-Schrift Nr. 458

Entwicklung der Realsteuerhebesätze
der Gemeinden mit 50 000 und mehr Einwohnern im Jahr 2009 gegenüber 2008

Dr. Ulrike Beland

Bonn, im November 2009

Das Institut „Finanzen und Steuern" überreicht Ihnen
die IFSt-Schrift Nr. 458

Entwicklung der Realsteuerhebesätze der Gemeinden mit 50.000 und mehr Einwohnern im Jahr 2009 gegenüber 2008

1. Umfang und Bedeutung der statistischen Erhebung

Um über die Entwicklung der Hebesätze bei der Gewerbesteuer und der Grundsteuer zeitnah zu informieren, führt das Institut „Finanzen und Steuern" mit den Industrie- und Handelskammern alljährlich eine Umfrage durch. Die Ergebnisse für 2009 werden mit dieser Schrift vorgelegt. In der Umfrage werden die standortpolitisch wichtigen 188 größeren Gemeinden erfasst. Dies sind zwar nur 1,5 v. H. der Gemeinden. In ihnen leben aber 40 v. H. der Einwohner der Bundesrepublik. Die Untersuchung zeigt dieses Jahr die geringsten Änderungen bei den Hebesätzen seit Beginn der Umfrage im Jahr 1992. Der Durchschnitt der Hebesätze bleibt bei allen drei Teilsteuern im Vergleich zum Vorjahr gleich.

2. Gewerbesteuer

Im Jahre 2009 wird die Gewerbesteuer in den größeren Gemeinden mit einem Hebesatz von durchschnittlich 432 v. H. erhoben. Die Spannbreite der Hebesätze reicht wie bisher von 340 bis 490 v. H. Aufkommen und Wirkung sind 2009 geprägt von der Unternehmensteuerreform und der Finanz- und Wirtschaftskrise. In der Krise wirkt die vorgenommene „Revitalisierung" der Gewerbesteuer besonders belastend; die ertragsunabhängigen Elemente, die mit der Reform noch ausgebaut wurden, sind investitionsfeindlich. Die Gemeinden leiden trotz der Unternehmensteuerreform weiter unter starken Aufkommensschwankungen. Mittelfristig muss die teilweise ertragsunabhängige Gewerbesteuer durch eine gewinnorientierte kommunale Wirtschaftsteuer ersetzt werden. Die konzeptionelle Vorarbeit hierfür ist in verschiedenen Kommissionen geleistet worden.

3. Grundsteuer

Der durchschnittliche gewogene Hebesatz der Grundsteuer B beträgt in den größeren Gemeinden unverändert 494 v. H., der der Grundsteuer A 269 v. H. Der Durchschnittsatz der Grundsteuer B liegt damit mittlerweile um 62 Prozentpunkte höher als der der Gewerbesteuer. Die Grundsteuer erweist sich auch in der Krise als stabil.

Mit vorzüglicher Hochachtung
INSTITUT „FINANZEN UND STEUERN"
Dipl.-Kfm. Hans-Jürgen Müller-Seils

Bonn, im November 2

Inhalt

Seite

I. Vorbemerkungen 8

1. Zeitraum und Umfang der Untersuchung 8

2. Grundsätzliches zu Realsteuern 8

    2.1. Die Gewerbesteuer als wichtige Ertragsteuer 9

    2.2. Die kleine, aber stabile Grundsteuer 11

3. Zentrale Änderungen im Realsteuerrecht 14

    3.1. Permanente Neuerungen bei der Gewerbesteuer 15

    3.2. Stagnierende Reformen bei der Grundsteuer 24

4. Langfristige Aufkommensentwicklungen 29

    4.1. Gewerbesteuer 29

    4.2. Gewerbesteuerumlage 32

    4.3. Grundsteuer 35

II. Zur Entwicklung der Realsteuerhebesätze 37

1. Methodische Erläuterungen 37

2. Entwicklung der Hebesätze der Gewerbesteuer 38

    2.1. Durchschnittlicher Hebesatz 38

    2.2. Hebesatzgefälle 43

3. Entwicklung der Hebesätze der Grundsteuer B 47

   3.1. Durchschnittlicher Hebesatz 47

   3.2. Hebesatzgefälle 51

4. Vergleich der Durchschnittshebesätze der Realsteuern 55

   4.1. Vergleich der Realsteuerhebesätze bundesweit 55

   4.2. Vergleich zwischen den Bundesländern 56

   4.3. Vergleich zwischen den Großstädten 59

III. Zusammenfassung 61

IV. Tabellenanhang 63

Tabelle 1: Realsteuer-Hebesätze 2009 der Gemeinden mit 50.000 und mehr Einwohnern und Veränderungen gegenüber dem Vorjahr 2008 - in alphabetischer Reihenfolge - 64

Tabelle 2: Realsteuer-Hebesätze 2009 der Gemeinden mit 50.000 und mehr Einwohnern - nach Gewerbesteuer-Hebesätzen in aufsteigender Folge - 70

Tabelle 3: Realsteuer-Hebesätze 2009 der Gemeinden mit 50.000 und mehr Einwohnern - nach Bundesländern - 76

Verzeichnis der Übersichten im Text

Seite

Übersicht 1: Anteil der Gewerbesteuer am gesamten Steueraufkommen 10

Übersicht 2: Anteil der Grundsteuer am gesamten Steueraufkommen 11

Übersicht 3: Struktur der kommunalen Einnahmen 2008 13

Übersicht 4: Struktur der kommunalen Steuereinnahmen 14

Übersicht 5: Aufkommensentwicklung 2008 bis 2013 - Gewerbesteuer- 30

Übersicht 6: Aufkommensentwicklung 2008 bis 2013 - Grundsteuer - 36

Übersicht 7: Erhöhungen/Senkungen des Gewerbesteuerhebesatzes nach Gemeindegrößenklassen 40

Übersicht 8: Durchschnittlicher Hebesatz der Gewerbesteuer in den Gemeinden mit 50.000 und mehr Einwohnern 40

Übersicht 9: Durchschnittlicher Hebesatz der Gewerbesteuer in den Gemeinden mit 50.000 und mehr Einwohnern nach Ländern 42

Übersicht 10: Streuung nach Hebesatzgruppen - Gewerbesteuer - 43

Übersicht 11: Hebesätze der Gewerbesteuer in den Großstädten mit 500.000 und mehr Einwohnern 45

Übersicht 12: Durchschnittlicher Hebesatz der Grundsteuer B in den Gemeinden mit 50.000 und mehr Einwohnern 47

Übersicht 13:	Erhöhungen/Senkungen des Hebesatzes der Grundsteuer B nach Gemeindegrößenklassen	48
Übersicht 14:	Durchschnittlicher Hebesatz der Grundsteuer B in den Gemeinden mit 50.000 und mehr Einwohnern nach Ländern	50
Übersicht 15:	Streuung nach Hebesatzgruppen - Grundsteuer B -	52
Übersicht 16:	Hebesätze der Grundsteuer B in den Großstädten mit 500.000 und mehr Einwohnern	54
Übersicht 17:	Entwicklung der Hebesätze im Bundesdurchschnitt in Gemeinden mit 50.000 und mehr Einwohnern	56
Übersicht 18:	Vergleich der Durchschnittshebesätze der Realsteuern nach Ländern	57
Übersicht 19:	Vergleich der Hebesätze in Großstädten mit 500.000 und mehr Einwohnern	60

Verzeichnis der Abbildungen im Text

Seite

Abbildung 1:	Anteil der Grundsteuern an den gesamten Einnahmen aus Steuern und Beiträgen 2006 im internationalen Vergleich	12
Abbildung 2:	Langfristige Aufkommensentwicklung - Gewerbesteuer-	29
Abbildung 3:	Aktuelle Aufkommensentwicklung und -schätzung - Gewerbesteuer -	31
Abbildung 4:	Umlage als Anteil am Aufkommen - Gewerbesteuer -	33
Abbildung 5:	Entwicklung der Gewerbesteuerumlage bei Bund und Ländern	34
Abbildung 6:	Aufkommensentwicklung im Vergleich - Grund- und Gewerbesteuer-	35
Abbildung 7:	Erhöhungen des Gewerbesteuerhebesatzes - Anteil der Kommunen -	39
Abbildung 8:	Streuung nach Hebesatzgruppen - Gewerbesteuer -	44
Abbildung 9:	Erhöhungen der Grundsteuer B im Vergleich zur Gewerbesteuer - Anteil der Kommunen -	49
Abbildung 10:	Streuung nach Hebesatzgruppen - Grundsteuer B -	53
Abbildung 11:	Gewerbesteuer und Grundsteuer B - Durchschnittshebesatzentwicklung	55

I. Vorbemerkungen

1. Zeitraum und Umfang der Untersuchung

Die vorliegende Veröffentlichung dokumentiert die Entwicklung der Grund- und der Gewerbesteuer in den Jahren 2008 und 2009 in Bezug auf Aufkommen, Rechtslage und Hebesätze. Bei den Hebesätzen werden nur die größeren Kommunen betrachtet, d. h. alle Städte und Gemeinden mit 50.000 und mehr Einwohnern. Dies sind in diesem Jahr 188 Kommunen. Die Daten beruhen auf einer Umfrage bei den 80 Industrie- und Handelskammern im Zeitraum Mai bis Juni 2009.

Obwohl nur 1,5 v. H. der 12.228 Kommunen erfasst werden, wird die realsteuerliche Lage von 39,7 v. H. der Gesamtbevölkerung abgedeckt. In den 188 größeren deutschen Gemeinden lebten im Jahr 2007 32,7 Mio. von insgesamt 82,3 Mio. Einwohnern[1]. Die Abgrenzung der Kommunen erfolgt anhand der Einwohnerdaten des Statistischen Bundesamtes mit Stichtag vom Ende des vorletzten Jahres (31.12.2007).

Die Veröffentlichung der Hebesatzumfrage erfolgt in der Reihe jährlich aktualisierter Publikationen des Instituts "Finanzen und Steuern" (vgl. zuletzt IFSt-Schrift Nr. 452 vom Oktober 2008).

2. Grundsätzliches zu Realsteuern

„Realsteuern sind die Grundsteuer und die Gewerbesteuer" heißt es in § 3 Abs. 2 AO. Diese Definition erläuterte ehemals den Begriff Realsteuern des Grundgesetzes, der aber inzwischen dort nicht mehr existiert. Die heutige Steuerverteilungsregel des Grundgesetzes in Art. 106 Abs. 6 GG spricht direkt von der Grundsteuer und der Gewerbesteuer[2]. Der Begriff der Realsteuern in der Abgabenordnung weist jedoch auf Eigenschaften der Grund- und der Gewerbesteuer hin, die zwar heute nicht mehr in Reinform vorhanden, aber für die politische Diskussion noch von großer Bedeutung sind.

Realsteuern werden auch Objektsteuern genannt und in einen Gegensatz zu Personalsteuern bzw. Subjektsteuern gesetzt. Die beiden Gegensatzpaare sind nicht

---

[1] Stand 30.6.2008, Statistisches Bundesamt: Fachserie 14 Finanzen und Steuern, Reihe 10.1, Realsteuervergleich, Wiesbaden 2009.

[2] Art. 106 Abs. 6 GG war zuletzt im Zuge der Aufhebung der Gewerbekapitalsteuer geändert worden, Gesetz vom 20.10.1997, BGBl 1997 I, S. 2470.

in jeder Hinsicht gegensätzlich und trennscharf[3]. Denn weder sind alle anderen Steuern als die Grund- und die Gewerbesteuer Personalsteuern, noch entbehren die Realsteuern in der Bemessung jeglicher persönlicher Merkmale. Bedeutsam ist aber die in den Gegensatzpaaren angelegte steuerpolitische Frage, ob die Kommunalsteuern am objektiven Ertrag (Soll-Ertrag) oder am subjektiven Ertrag (Ist-Ertrag) anknüpfen sollten. Die Auseinandersetzung über den Realsteuercharakter der Kommunalsteuern zieht sich durch alle Gewerbesteuerreformen - siehe dazu das folgende Kapitel.

Für die Gewerbesteuer geht die Entwicklung seit Jahrzehnten in die Richtung einer am Ist-Ertrag orientierten Steuer, während die Grundsteuer im Kern und im internationalen Vergleich eine Sollertragsteuer geblieben ist. Die wichtigsten gesetzgeberischen Schritte hin zum Ist-Ertragsteuercharakter der Gewerbesteuer waren der Wegfall der Lohnsummensteuer zum 1.1.1980 und der Wegfall der Gewerbekapitalsteuer zum 1.1.1998. Beide Reformen spiegelten die Einsicht in eine wirtschaftliche Notwendigkeit wider: Um die Wettbewerbsfähigkeit des Standorts und damit Wachstum und Arbeit zu fördern, wurde die Anknüpfung an Lohn und Kapital bei der Gewerbesteuer aufgegeben. Doch existieren Eigenschaften der alten Objektsteuer als Hinzurechnungen im § 8 GewStG weiter. Mit der Unternehmensteuerreform 2008 wurden diese Elemente sogar wieder verstärkt. Allerdings hat der gleichzeitig eingeführte Wegfall des Abzugs der Gewerbesteuer als Betriebsausgabe den Objektsteuercharakter wieder etwas zurückgeführt.[4]

Die Grundsteuer ist eine Steuer auf den Wert des Grundbesitzes und damit eine spezielle Vermögensteuer. Die Bemessung der Steuer differiert nicht nach Verwendung oder Ertrag, sondern nur nach Nutzungsformen. So gibt es die Grundsteuer A für Betriebe der Land- und Forstwirtschaft und die Grundsteuer B für Betriebs- und andere Grundstücke. Eine Grundsteuer C bestand 1961 und 1962 als Steuer auf ungenutztes Bauland.

2.1. Die Gewerbesteuer als wichtige Ertragsteuer

Die Gewerbesteuer ist nach der Einkommen-, der Umsatz- und der Mineralölsteuer die viertgrößte Einzelsteuer in Deutschland. Ihr Anteil am gesamten Steueraufkommen beträgt in diesem Jahr voraussichtlich 6,7 v. H. (siehe Über-

---

[3] Vgl. Zitzelsberger, H.: Grundlagen der Gewerbesteuer, Eine steuergeschichtliche, rechtsvergleichende, steuersystematische und verfassungsrechtliche Untersuchung, Köln 1990, S. 100.

[4] Siehe Hey, J.: Körperschaft- und Gewerbesteuer und objektives Nettoprinzip, Beihefter zu DStR 47. Jg, Heft 34 2009, S. 114.

sicht 1).

Übersicht 1:

Anteil der Gewerbesteuer am gesamten Steueraufkommen[5]

	2003	2004	2005	2006	2007	2008	2009
Gewerbesteuer in v. H. des Steueraufkommens	5,3	5,5	6,4	7,1	7,5	7,3	6,7

Der Anteil des Gewerbesteueraufkommens am Gesamtsteueraufkommen in Deutschland hat von 2003 bis 2007 zugenommen, auch noch im besonders steuerstarken Jahr 2007. In diesem Jahr betrugen die gesamten Steuerzuwächse 10,2 v. H., bedingt durch die Erhöhung der Mehrwertsteuer um drei Prozentpunkte und die konjunkturell stark gestiegenen Einnahmen aus Ertragsteuern.[6] Für das Jahr 2008 wurde ein Rückgang der Gewerbesteuereinnahmen gegenüber den vergangenen beiden Jahren aufgrund der Unternehmensteuerreform erwartet. Die Reform würde nach Einschätzung des Bundesfinanzministeriums und des Arbeitskreises Steuerschätzung zu Steuermindereinnahmen insgesamt und auch bei der Gewerbesteuer führen. Tatsächlich sind die Steuereinnahmen insgesamt und auch die der Gewerbesteuer im Jahr 2008 noch einmal kräftig gestiegen. Die Unternehmensteuerreform hat im Jahr 2008 damit kaum wahrnehmbare Auswirkungen gehabt. Zum Ende des Jahres wurde die Reform überlagert durch die Finanz- und Wirtschaftskrise. Die Gewerbesteuereinnahmen gehen seitdem dramatisch zurück.

Der Anteil der Gewerbesteuer an den gesamten Steuereinnahmen ist also im Jahr 2008 weniger stark als erwartet und aus anderen Gründen als erwartet zurück gegangen: von 7,5 v. H. im Jahr 2007 auf 7,3 v. H. im Jahr 2008. Für 2009 erwartet der Arbeitskreis Steuerschätzung beim Bundesfinanzministerium einen weiteren Rückgang auf 6,7 v. H.

---

[5] Bundesministerium der Finanzen: Ergebnis der 134. Sitzung des Arbeitskreises „Steuerschätzungen" vom 12. bis 14. Mai 2009 in Bad Kreuznach, Berlin 2009, eigene Berechnungen.

[6] Teilweise sind die Mehrsteuern auch auf die „kalte Progression" zurückzuführen, d. h. den überproportional steigenden Steueranteil bei steigenden Einkommen. Für eine detaillierte Untersuchung siehe Institut für Angewandte Wirtschaftsforschung: Gesamtwirtschaftliche Auswirkungen der „heimlichen Steuerprogression" und steuerpolitische Handlungsoptionen zur Entlastung von Bürgern und Wirtschaft, IAW-Kurzbericht 1/2008, Tübingen 2008.

Da die gesamten Steuereinnahmen um 6,1 v. H. sinken sollen, bedeutet dies für die Gewerbesteuer einen noch stärkeren Rückgang: 14,7 v. H.

2.2. Die kleine, aber stabile Grundsteuer

Die Grundsteuer ist vom Aufkommen her eine der kleineren Steuern in Deutschland, jedoch aufgrund der Konstanz ihres Aufkommens wichtig für die Gemeindefinanzierung. Aus diesem Grund wird sie in anderen Ländern sehr viel stärker zur Finanzierung der kommunalen Ausgaben herangezogen und wird in der Finanzwissenschaft als die ideale Gemeindesteuer angesehen[7].

Die Grundsteuer stellt in Deutschland nach dem Gemeindeanteil an der Einkommensteuer und der Gewerbesteuer die drittwichtigste steuerliche Einnahmequelle der Kommunen dar. Das Aufkommen beträgt ca. 11 Mrd. Euro, der Anteil an den Gemeindesteuern schwankt zwischen 15 v. H. in Gemeinden der alten und 20 v. H. in den neuen Bundesländern.

Am Gesamtsteueraufkommen hat die Grundsteuer nur einen Anteil von etwa 2 v. H. (siehe Übersicht 2). Dieser Anteil ist relativ konstant über die Zeit. Tendenziell nimmt der Anteil der Grundsteuer am gesamten Steueraufkommen eher ab, weil die Bemessungsgrundlage veraltet ist. Die Grundwerte stammten teilweise noch aus dem Jahr 1935. Man kann von einer Erstarrung der Bemessungsgrundlage sprechen.

Übersicht 2:

Anteil der Grundsteuer am gesamten Steueraufkommen[8]

Jahr	2003	2004	2005	2006	2007	2008	2009
Grundsteuer in v. H. des Steueraufkommens	2,2	2,2	2,3	2,1	2,0	1,9	2,1

Nach der Statistik der OECD ist ein Anteil von 2 v. H. am Steueraufkommen im

---

[7] Siehe Beland, U.: Kommunale Einkommensteuer und Wanderungswettbewerb, in: Archiv für Kommunalwissenschaften, Jahrgang 37, 1998, S. 109 f.
[8] Bundesministerium der Finanzen: Ergebnis der 134. Sitzung des Arbeitskreises „Steuerschätzungen" vom 12. bis 14. Mai 2009 in Bad Kreuznach, Berlin 2009, eigene Berechnungen.

internationalen Vergleich sehr niedrig (siehe Abbildung 1). Vor allem Japan, die USA, Großbritannien und Kanada stützen die Gemeindefinanzierung stärker auf Grundsteuern.

Abbildung 1:

Anteil der Grundsteuern an den gesamten Einnahmen aus Steuern und Beiträgen 2006 im internationalen Vergleich[9]

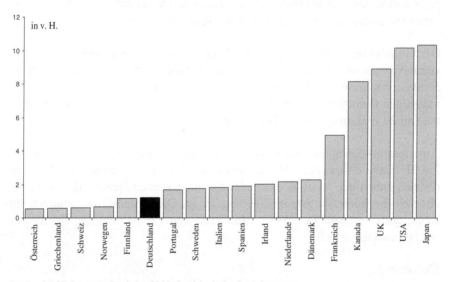

Quelle: OECD Revenue Statistics 2008, S. 126, eigene Berechnungen

Allerdings werden in Deutschland Beiträge und Gebühren erhoben, die in anderen Ländern steuerfinanziert sind. Trotzdem bestätigt ein Blick auf die Struktur der Einnahmen der deutschen Kommunen, dass Deutschland bei der Finanzierung seiner Kommunen einen Sonderweg geht: Die Finanzierung beruht zu einem guten Teil auf Zuweisungen und nicht auf eigenen Einnahmen. Dieser Weg hat den Vorteil einer gleichmäßigeren Versorgung mit lokalen öffentlichen Gütern, den Nachteil einer fehlenden finanziellen Selbständigkeit.

---

[9] Da die OECD auch die Sozialversicherungsbeiträge in das Steueraufkommen einbezieht, sind die Anteile für Deutschland niedriger als die nach der Finanzstatistik berechneten.

Übersicht 3:

Struktur der kommunalen Einnahmen 2008[10]

	in v. H.				
	Steuern	Gebühren	laufende Zuweisungen	Investitionszuweisungen	sonstige Einnahmen
Kommunen West	41,5	9,5	26,7	4,0	18,3
Kommunen Ost	22,7	7,0	45,3	11,0	14,0

Quelle: Gemeindefinanzbericht 2008, S. 15f. und Tabellenanhang.

Die Übersicht 3 zeigt, dass sich die alten Bundesländer (Kommunen West) überwiegend, aber auch nur zu 41,5 v. H. durch Steuern finanzieren. In den neuen Bundesländern (Kommunen Ost) dagegen übersteigen die Zuweisungen die Steuereinnahmen deutlich (45,3 gegenüber 22,7 v. H.). Aber auch bei den alten Ländern machen die Zuweisungen immerhin 26,7 v. H. der Einnahmen aus. Im Durchschnitt aller Kommunen tragen Steuern und Zuweisungen zu etwa je einem Drittel zu den Einnahmen bei.

Die Struktur der Steuereinnahmen ist dabei in den alten und neuen Bundesländern ähnlich. Jeweils ist die Gewerbesteuer die wichtigste Steuer, gefolgt von dem Einkommensteueranteil, der Grundsteuer und dem Anteil an der Umsatzsteuer (siehe Übersicht 4). Im Westen hat der Einkommensteueranteil relativ mehr Gewicht, im Osten die Grundsteuer und der Umsatzsteueranteil.

---

[10] Gemeindefinanzbericht, in: Der Städtetag, Zeitschrift für kommunale Politik und Praxis, 62. Jg. 2009, Heft 5, S. 10 f. und Tabellenanhang. Für die Grundsteuer sind nur Daten für 2007 und 2008 verfügbar.

Übersicht 4:

Struktur der kommunalen Steuereinnahmen
- im Durchschnitt der letzten drei Jahre (2007 - 2009) -

	in Mrd. €	Anteile an den Steuereinnahmen in v. H.			
	Steuer-einnahmen	Gewerbe-steuer	Einkommen-steuer	Grundsteuer	Umsatzsteuer
Kommunen West	62,4	44,0	36,6	14,7	4,5
Kommunen Ost	6,6	45,1	28,7	18,4	7,1

Quelle: Gemeindefinanzbericht 2009, eigenen Berechnungen

Der wesentliche Teil des Grundsteueraufkommens - zwischen 96 und 97 v. H. - stammt heute aus der Grundsteuer B. Im Rahmen der Überlegungen zur Unternehmensteuerreform 2008 war eine Grundsteuer C für Geschäftsgrundstücke in der Diskussion. Diese sollte eine verdoppelte Steuermesszahl besitzen. Da die Grundsteuer eine stetige Aufkommensentwicklung aufweist, sollte mit ihrer Hilfe eine stabile Steuerbasis für die Kommunen erreicht werden und den Verzicht auf ertragsunabhängige Bestandteile bei der Gewerbesteuer kompensieren. Die Idee wurde aber nicht verwirklicht[11].

3. Zentrale Änderungen im Realsteuerrecht

Im Gegensatz zur gemächlich voranschreitenden Entwicklung des Grundsteuerrechts wird das Gewerbesteuergesetz von allen Strömungen der Steuerpolitik voll erfasst und im Jahresrhythmus geändert. Was bei der Gewerbesteuer unüberlegter Reformeifer ist, überlebt bei der Grundsteuer zu lange. Das Grundsteuergesetz ist seit 30 Jahren relativ unverändert geblieben. Reformüberlegungen sind immer wieder von anderen Themen aus der Steuerpolitik ver-

---

[11] Eine Stellungnahme zum Vorschlag der Grundsteuer C aus Sicht des Deutschen Städtetages findet sich im Gemeindefinanzbericht 2006 (in: Der Städtetag, Zeitschrift für kommunale Politik und Praxis, 59. Jg. 2006, Heft 5, S. 42 ff.).

drängt worden.

3.1. Permanente Neuerungen bei der Gewerbesteuer

Die Änderungen, die mit dem Unternehmensteuerreformgesetz 2008[12] eingeführt wurden, sind gravierend. Sie haben die ertragsunabhängigen Elemente der Gewerbesteuer wieder gestärkt, die mit der Abschaffung der Lohnsummensteuer und der Gewerbekapitalsteuer aus standortpolitischen Gründen zurückgedrängt worden waren. Das Unternehmensteuerreformgesetz steht hier in einer längeren Tradition rückwärts gerichteter Änderungen des Gewerbesteuergesetzes, die direkt nach der letzten großen Reform 1998 begannen. Der Prozess ist allerdings nicht abgeschlossen und möglicherweise unter einer CDU-FDP-Koalition umkehrbar. Besonders die Hinzurechnungen wollten jedenfalls noch einmal überdacht werden.

Gesetz zur Fortsetzung der Unternehmensteuerreform 1998: Abschaffung der Gewerbekapitalsteuer

Die letzte grundlegende Änderung der Gewerbesteuer, die der Unternehmensteuerreform 2008 voraus ging, trat zum 1.1.1998 in Kraft. Damals wurde mit dem Gesetz zur Fortsetzung der Unternehmensteuerreform[13] die Gewerbekapitalsteuer abgeschafft[14]. Zusammen mit der Abschaffung der Lohnsummensteuer zum 1.1.1980 hatte die kommunale Unternehmensbesteuerung mit dem Wegfall der Gewerbekapitalsteuer bei ihrer Wandlung von einer Objekt- zu einer Subjektsteuer bzw. von einer Soll-Ertrag- zu einer Ist-Ertragsteuer einen weiteren wichtigen Schritt vollzogen.

Die Gemeinden erhielten zum Ausgleich für den Wegfall der Gewerbekapitalsteuer eine direkte Beteiligung am Umsatzsteueraufkommen in Höhe von 2,2 v. H. Anfangs erfolgte die gemeindliche Aufteilung über eine örtliche Fortschreibung des Gewerbekapitalsteueraufkommens. Dabei wurde der Umsatzsteueranteil zuerst im Verhältnis von 85 zu 15 v. H. auf die alten und neuen Länder verteilt und weiter auf die Gemeinden entsprechend dem Gewerbesteueraufkommen, der Beschäftigtenzahl und - in den alten Ländern des ehemaligen Gewerbekapitals - den Betrieben. Auf die Dauer musste aber ein neuer Verteilungsschlüssel gefunden werden - besonders für die neuen Bundesländer, in de-

---

[12] BGBl 2007 I, S. 1912.
[13] BGBl 1997 I, S. 2590.
[14] Dies betraf nur die alten Bundesländer. In den neuen Bundesländern war die Gewerbekapitalsteuer nach dem Beitritt erst gar nicht erhoben worden.

nen die Gewerbekapitalsteuer nie erhoben worden war.

Das Finden des neuen Schlüssels erwies sich als schwieriger als erwartet. Die Idee bestand darin, die Umsatzsteuer nach einem wirtschaftsnahen Schlüssel zu zerlegen, der Erfolge der Standortpolitik honorierte. Er sollte an die betrieblichen Merkmale „Vorräte", „Sachanlagen", „Löhne und Gehälter" sowie „sozialversicherungspflichtig Beschäftigte" anknüpfen. Eine verlässliche Qualität der Daten bezogen auf die einzelne Gemeinde konnte jedoch nicht sichergestellt werden. Das Finanzministerium ließ daraufhin die Suche nach einem solchen Schüssel aufgrund „nichtbehebbarer Mängel in der Datenqualität"[15] im Jahr 2005 einstellen. Das Statistische Bundesamt wurde anschließend beauftragt, aus Daten der Gewerbesteuerstatistik sowie Entgelt- und Beschäftigtenzahlen aus der Statistik der Bundesagentur für Arbeit einen neuen Schlüssel zu berechnen, der der bisherigen Verteilung nahe kommt und fortschreibungsfähig ist.

Der gefundene Kompromiss für die Umsatzsteueraufteilung ist höchst kompliziert und ein Beispiel für den Versuch, etwas Neues zu erfinden, ohne etwas Altes zu verändern. In der Begründung zum Gesetz heißt es:

„Angesichts unterschiedlicher Einschätzungen unter den Ländern und kommunalen Spitzenverbänden über die jeweilige Bedeutung der einzelnen Schlüsselmerkmale und der Hebesatzgewichtung von Beschäftigten und Entgelten für den endgültigen Schlüssel ergab sich bei den Beratungen zur Vorbereitung des Gesetzgebungsverfahrens kein klares und eindeutiges Meinungsbild. Deswegen hatte das Bundesministerium der Finanzen eine Variante gewählt, bei der eine mehrheitliche Zustimmung der Länder möglich erscheint und die trotz unterschiedlicher Interessenlage die Unterstützung sowohl des Deutschen Städtetages als auch des Deutschen Städte- und Gemeindebundes fand."[16]

Der neue Verteilungsschlüssel wurde 2008 verabschiedet und findet ab 1.1.2009 zunächst in einer Mischung mit dem alten Schlüssel Anwendung[17]. In drei Übergangszeiträumen (2009 bis 2011, 2012 bis 2014 und 2015 bis 2017) gilt eine

---

[15] Bundesministerium der Finanzen: Verordnung zur Einstellung von Erhebungen nach § 3 des Gesetzes über Steuerstatistiken, Bundesratdrucksache 38/05, 2005.

[16] Deutscher Bundesrat: Entwurf eines Achten Gesetzes zur Änderung des Gemeindefinanzreformgesetzes, Gesetzentwurf der Bundesregierung, Drucksache 238/08, 2008, S. 8.

[17] Achtes Gesetz zur Änderung des Gemeindefinanzreformgesetzes vom 31.7.2008, BGBl 2008 I Nr. 35, S. 1626. Die erste Rechtsverordnung mit der Berechnung der Länderanteile ist am 25. September 2008 erlassen worden (Verordnung über die Festsetzung der Länderschlüsselzahlen und die Ermittlung der Schlüsselzahlen für die Aufteilung des Gemeindeanteils am Aufkommen der Umsatzsteuer nach § 5c des Gemeindefinanzreformgesetzes, BGBl 2008 I Nr. 45, S. 1928).

Kombination aus altem und neuem Schlüssel mit gleichmäßig zunehmendem Gewicht des neuen. Der neue Schlüssel gilt vollständig ab dem Jahr 2018.

Der neue Schlüssel ergibt sich
- zu 25 v. H. aus dem Gewerbesteueraufkommen der Jahre 2001 bis 2006,
- zu 50 v. H. aus der Anzahl der sozialversicherungspflichtig Beschäftigten am Arbeitsort der Jahre 2004 bis 2006 und
- zu 25 v. H. aus den sozialversicherungspflichtigen Entgelten am Arbeitsort der Jahre 2003 bis 2005.

Beschäftigte und Entgelte werden mit dem durchschnittlichen örtlichen Gewerbesteuerhebesatz gewichtet. Zum 1.1.2012 und danach alle drei Jahre werden die dem Schlüssel zugrunde liegenden Daten aktualisiert.

Steuersenkungsgesetz 2000: Anrechnung der Gewerbesteuer auf die Einkommensteuer

Neben der wechselvollen Geschichte der objektsteuerlichen Elemente der Gewerbesteuer gibt es eine zweite historisch bedeutsame Entwicklung: Die Anrechenbarkeit der Gewerbesteuer auf die Einkommensteuer. Sie wurde mit dem Steuersenkungsgesetz vom 23.10.2000[18] aufgrund der Vorschläge der Brühler Kommission eingeführt[19]. Mit der Anrechnung konnte eine Entlastung von Personenunternehmen erreicht werden, ohne gleichzeitig die Steuer auch für natürliche Personen senken zu müssen. Die Anrechnung war die Alternative zu einer Tarifbegrenzung für gewerbliche Einkünfte (§ 32c EStG alte Fassung), die aufgrund einer Vorlage des Bundesfinanzhofs an das Bundesverfassungsgericht von der Brühler Kommission nicht aufgegriffen wurde[20]. Später, am 21.6.2006, hat das Bundesverfassungsgericht dann zwar entschieden, dass die Tarifbegrenzung nicht gegen den Gleichheitsgrundsatz verstößt, sondern legitimes Mittel des Gesetzgebers sei, Zusatzbelastungen zu kompensieren und auf den internationalen Steuerwettbewerb zu reagieren[21]. Das war in der Kommission aber stark bezweifelt worden. Nach der Entscheidung des Bundesverfassungsgerichts dürf-

---

[18] Gesetz zur Senkung der Steuersätze und zur Reform der Unternehmensbesteuerung, BGBl 2000 I Nr. 46, S. 1433.

[19] Bundesministerium der Finanzen: Brühler Empfehlungen zur Reform der Unternehmensbesteuerung, Bericht der Kommission zur Reform der Unternehmensbesteuerung, Schriftenreihe Heft 66, Bonn 1999.

[20] § 32c EStG wurde nach dem Vorlagebeschluss des Bundesfinanzhofes beim Bundesverfassungsgericht (X R 171/96 vom 24.2.1999) durch das Steuersenkungsgesetz vom 23.10.2000 aufgehoben.

[21] Beschluss vom 21.6.2006 - 2 BvL 2/99.

te auch die Anrechnung der Gewerbesteuer auf die Einkommensteuer, wenn auch aus systematischen Gründen problematisch, nicht verfassungswidrig sein.

Technisch erfolgt die Anrechnung in Form einer pauschalen Verrechnung der Gewerbesteuer in Höhe eines Vielfachen des Gewerbesteuer-Messbetrags mit der auf die gewerblichen Einkünfte entfallenden Einkommensteuer. Das Vielfache des Gewerbesteuermessbetrags bildet die durchschnittliche Gewerbesteuerbelastung nach Anwendung des Hebesatzes ab. Bis zur Unternehmensteuerreform 2008 erfolgte die Anrechnung in Höhe des 1,8-fachen Gewerbesteuermessbetrags, so dass zusammen mit dem die Belastung etwa halbierenden Betriebsausgabenabzug die Gewerbeertragsteuerbelastung grob betrachtet neutralisiert wurde. Die Senkung der Einkommensteuersätze in den Jahren 2001, 2004 und 2005 hatte allerdings die Anrechnungswirkung stetig vermindert, so dass am Ende beim Spitzensatz der Einkommensteuer von 42 v. H. nur noch ein Hebesatzniveau von maximal 341 v. H. tatsächlich ausgeglichen wurde[22]. Mit der Unternehmensteuerreform 2008 wurde der Anrechnungsfaktor wegen des Wegfalls des Betriebsausgabenabzugs mehr als verdoppelt (§ 35 Abs. 1 EStG). Die Einkommensteuer ermäßigt sich nun bei gewerblichen Einkünften um das 3,8fache des Gewerbesteuer-Messbetrags.

Allerdings bleibt die Anrechnung unvollständig. Wegen der unterschiedlichen Bemessungsgrundlagen von Einkommensteuer und Gewerbesteuer steht manchmal keine Einkommensteuer für die Anrechnung der Gewerbesteuer zur Verfügung. Dies kommt seit dem Inkrafttreten der Unternehmensteuerreform sehr viel häufiger vor, weil die neuen Hinzurechnungen den Gewerbeertrag stark ansteigen lassen, so dass besonders in Verlustsituationen Gewerbesteuer in erheblicher Höhe ohne Anrechnungsmöglichkeit anfällt. Die Gewerbesteuerlast wird dann für das Personenunternehmen bzw. den Einzelunternehmer zur Substanzsteuer und die Anrechnung läuft ins Leere, vor allem weil ein nicht ausgeschöpfter Anrechnungsbetrag nicht vorgetragen werden kann.

---

[22] Entwurf eines Gesetzes zur Verbesserung der steuerlichen Standortbedingungen, BT-Drs. 15/5554. Eine Erhöhung des Anrechnungsfaktors bei der Einkommensteuer von 1,8 auf 2,0 zur Kompensation sinkender Einkommensteuersätze und steigender Hebesätze war Bestandteil der Beschlüsse des „Jobgipfels" vom 17.3.2005. Die Realisierung dieser Beschlüsse fiel jedoch der vorgezogenen Bundestagswahl im Jahr 2005 zum Opfer. Sie waren die politische „Rückzugslinie" für die Unternehmensteuerreform zum 1.1.2008, falls diese in der parlamentarischen Beratung doch noch scheitern sollte, was aber nicht geschah.

Gesetz zur Reform der Gewerbesteuer und anderer Gesetze 2003: Einführung des Mindesthebesatzes von 200 v. H.

Ursprünglich sollte im Jahr 2003 eine grundlegende Gemeindefinanzreform stattfinden (siehe Exkurs in der IFSt-Schrift Nr. 420, S. 37 ff.)[23]. Nach einem zähen Ringen im Vermittlungsausschuss kamen aber lediglich die folgenden Änderungen zustande (Gesetz zur Reform der Gewerbesteuer und anderer Gesetze vom 23.12.2003)[24]:

- Die Gemeinden wurden in § 1 GewStG verpflichtet, die Gewerbesteuer zu erheben. Bis dahin konnten sie auch auf die Erhebung verzichten.

- In § 16 Abs. 4 GewStG wurde ein Mindesthebesatz von 200 festgelegt.

- Die Kürzungsvorschrift des § 9 Nr. 10 GewStG wurde gestrichen. Dadurch unterliegen alle Zinsen, die in Anwendung des alten § 8a KStG zur verdeckten Gewinnausschüttung umqualifiziert werden, in voller Höhe der Gewerbesteuer.

- § 10a GewStG begrenzte den Verlustausgleich auf 60 v. H. des positiven Betriebsertrags, der einen Sockelbetrag von 1 Mio. Euro übersteigt.

Die Änderungen in § 1 und § 16 GewStG stellten einen erheblichen Eingriff in die kommunale Finanzautonomie dar und haben auch zu einer Klage vor dem Bundesverfassungsgericht geführt[25]. Sie ersetzten die erst 2003 mit dem sog. Steuervergünstigungsabbaugesetz[26] eingeführten Regelungen gegen „Gewerbesteueroasen" in § 8a und § 9 Nr. 2 GewStG[27]. Trotz der Einschränkung der Finanzautonomie sprachen sich die kommunalen Spitzenverbände gegenüber dem Bundesverfassungsgericht überwiegend für einen Mindesthebesatz aus, während die Wirtschaftsverbände einen Mindesthebesatz ablehnten, um den Wettbewerb zwischen den Kommunen nicht einzuschränken. Die Entscheidung des Bundesverfassungsgerichts steht noch aus.

Mindestbesteuerung (§ 10a GewStG) und Hinzurechnung von Zinsen im Zusammenhang mit verdeckter Gewinnausschüttung (§ 8a KStG a. F.) sind Folge-

---

[23] Institut Finanzen und Steuern (Hrsg.): Entwicklung der Realsteuersätze der Gemeinden mit 50.000 und mehr Einwohnern im Jahr 2004 gegenüber 2003, IFSt-Schrift Nr. 420, Bonn 2004.
[24] BGBl 2003 I, S. 2922.
[25] 2 BvR 2185/04 und 2189/04.
[26] BGBl 2003 I, S. 660.
[27] Näheres dazu in der IFSt-Schrift Nr. 409.

regelungen von Änderungen des Körperschaftsteuergesetzes durch das Gesetz zur Umsetzung der Protokollerklärung der Bundesregierung zur Vermittlungsempfehlung zum Steuervergünstigungsabbaugesetz. Sie haben zu einer erheblichen Aufkommenssteigerung bei der Gewerbesteuer geführt und folglich zu einer entsprechenden Mehrbelastung der Unternehmen.

Unternehmensteuerreformgesetz 2008: Neue Hinzurechnungen, Wegfall des Betriebsausgabenabzugs

Zum 1.1.2008 trat die Unternehmensteuerreform in Kraft. Das Finanztableau des Bundesfinanzministeriums rechnete mit einer Nettoentlastung der Unternehmen in Höhe von 5 Mrd. Euro jährlich[28]. Durch die im Herbst 2008 einsetzende Finanz- und Wirtschaftskrise wurde die Reform aber stark überlagert. International wettbewerbsfähigere Steuersätze wurden erreicht; ob die Unternehmen aber im Saldo be- oder entlastet wurden, lässt sich bisher nicht beurteilen. Sicher ist, dass die Be- und Entlastungen sehr unterschiedlich verteilt sein werden, je nach Größe, Rechtsform und Geschäftsmodell bei der Finanzierung der Unternehmen.

Wesentliche Änderungen der Reform waren die Streichung der Gewerbesteuer als Betriebsausgabe mit korrespondierender Anhebung des Anrechnungsfaktors bei der Einkommensteuer und die Hinzurechnung aller Finanzierungskosten zu einem Viertel. Mit letzterem haben die Kommunen erreicht, dass die ertragsunabhängigen Elemente der Gewerbesteuer wieder ausgebaut wurden, zum Ausgleich für eine Absenkung der Steuersätze, aber per Saldo zum Nachteil einer dynamischen Wirtschaft.

Die Hinzurechnung von gezahlten Dauerschuldzinsen war zwar auch vor der Unternehmensteuerreform ein Überbleibsel des alten Objektsteuercharakters der Gewerbesteuer und als Mittel zur Besteuerung von Finanzierungskosten ein fast schon ideologischer Festbestandteil aller Modelle zur „Revitalisierung" der Gewerbesteuer. Mit der Unternehmensteuerreform wurde die Hinzurechnung von Dauerschuldzinsen durch die Hinzurechnung aller Zinsen und so genannter Finanzierungsanteile bei Mieten, Pachten, Leasingraten und Lizenzen aber nicht nur abgelöst, sondern verstärkt.

Die Hinzurechnungen spielten sowohl in der Gemeindefinanzreformkommission 2002 als auch in der Unternehmensteuerreform 2008 eine große Rolle[29]. Be-

---

[28] Entwurf eines Unternehmensteuerreformgesetzes 2008, Gesetzentwurf der Bundesregierung, BR-Drucks. 220/07, S. 77.

[29] Siehe Freie und Hansestadt Hamburg: Reformkonzept zur Unternehmensbesteue-

gründet wurden die neuen Hinzurechnungen durch die Unternehmensteuerreform allerdings weniger mit dem Objektsteuercharakter der Gewerbesteuer als mit der Notwendigkeit, Fremd- und Eigenkapital gleich zu behandeln bzw. eine angenommene steuerliche Bevorzugung der Fremdkapitalfinanzierung abzuschaffen. Die Eckpunkte zur Unternehmensteuerreform vom Juli 2006 sprechen von „Maßnahmen gegen den Verlust von Steuersubstrat durch Fremdfinanzierung"[30]. Die Kommunen erhofften sich von den Hinzurechnungen vor allem Aufkommensstabilität - sie ist bisher nicht eingetroffen.

Im Einzelnen handelt es sich um drei grundlegende Neuregelungen durch die Unternehmensteuerreform:

- Neue Hinzurechnungen

Zum Gewinn hinzugerechnet werden 25 v. H. aller Zinsen und Finanzierungsanteile (§ 8 GewStG) nach Abzug eines Freibetrags von 100.000 Euro. Unter die Hinzurechnungen fallen:

- alle Schuldzinsen; dazu zählen auch der Aufwand aus nicht dem gewöhnlichen Geschäftsverkehr entsprechenden Skonti oder wirtschaftlich vergleichbaren Vorteilen sowie die Diskontbeträge bei der Veräußerung von Wechsel- und anderen Geldforderungen,
- ein Fünftel der Mieten, Pachten und Leasingraten für mobile Wirtschaftsgüter,
- dreizehn Zwanzigstel (65 v. H.) der Mieten, Pachten und Leasingraten für immobile Wirtschaftsgüter,
- ein Viertel der Aufwendungen für Konzessionen und Lizenzen, mit Ausnahme von Lizenzen, die ausschließlich dazu berechtigen, daraus abgeleitete Rechte Dritten zu überlassen, und Aufwendungen, die Bemessungsgrundlage für die Künstlersozialabgabe sind,
- Renten und dauernde Lasten außer Pensionszahlungen auf Grund einer Versorgungszusage und
- die Gewinnanteile des stillen Gesellschafters.

Die Hinzurechnungen bei Mieten, Pachten und Leasingraten für Immobilien wurden kurz vor Inkrafttreten der Unternehmensteuerreform gegenüber dem Ge-

---

rung mit finanzierungsneutral ausgestalteter kommunaler Unternehmensteuer, Manuskript, Hamburg 2006; Witte, K., Tebbe, G.: Von der Gewerbesteuer zur kommunalen Wirtschaftssteuer - ein Reformkonzept der Bertelsmann-Stiftung -, Gütersloh 2006.

[30] Eckpunkte der Unternehmensteuerreform, Beschlussfassung des Koalitionsausschusses vom 2.7.2006.

setzentwurf von 75 auf 65 v. H. abgesenkt[31]. Ebenso wurde mit dem Jahressteuergesetz 2009 eine Ausnahmeregelung für Leasing bzw. Factoring geschaffen[32]. Rückwirkend zum 1.1.2008 wurde es diesen Unternehmen ermöglicht, das Bankenprivileg des § 19 GewStG in Anspruch zu nehmen. Damit wird die Hinzurechnung vermieden, die in dieser Branche zu sehr hohen Belastungen geführt hätte. Voraussetzung für die Ausnahmeregelung ist jedoch, dass sich die Unternehmen einer eingeschränkten Kreditaufsicht unterwerfen und eine entsprechende Erlaubnis bei der Bundesanstalt für Finanzdienstleistungsaufsicht einholen.

Die Finanzierungsrechnung des Bundesfinanzministeriums ging im Vorfeld der Unternehmensteuerreform davon aus, dass die neuen Hinzurechnungen kaum zu einer Mehrbelastung der Gewerbesteuerzahler führen[33]. Berechnungen der betroffenen Betriebe zeigen aber andere Ergebnisse. Insbesondere der Handel, soweit er hohe Zins- bzw. Mietaufwendungen hat, spürt sehr viel höhere Gewerbesteuerlasten[34]. Der Freibetrag bedeutet für viele Unternehmen in Relation zu den Hinzurechnungsbeträgen eine marginale Erleichterung. Besonders hoch fremdfinanzierte Unternehmen, Unternehmen mit geleasten Anlagegütern und Unternehmen, die in großem Umfang Betriebsräume gemietet haben, sehen ihre Gewerbesteuer durch die neuen Hinzurechnungen geradezu explodieren. Zusammen mit der Nichtabziehbarkeit als Betriebsausgabe und der unvollständigen Anrechenbarkeit der Gewerbesteuer auf die Einkommensteuer werden für sie Mehrbelastungen entstehen, die die angestrebte Entlastung durch die Unternehmensteuerreform in ihr Gegenteil verkehren. Vorerst überlagert die Finanz- und Wirtschaftskrise jedoch die Auswirkungen der Reform, so dass ihre Wirkungen erst zum Ende des Jahres 2009 langsam hervortreten dürften.

- *Abgesenkte Messzahl*

Als Entlastung soll die abgesenkte Gewerbesteuermesszahl (§ 11 Abs. 2 GewStG) dienen, die ab 2008 für Personen- und Kapitalgesellschaften einheit-

---

[31] Jahressteuergesetz 2008 vom 20.12.2007, BGBl 2007 I, S. 3150.
[32] Jahressteuergesetz 2009 vom 19.12.2008, BGBl 2008 I, S. 2794.
[33] Die volle Jahreswirkung soll bei der Gewerbesteuer 206 Mio. Euro betragen, ebenda.
[34] Siehe Deutscher Industrie- und Handelskammertag, Hauptverband des Deutschen Einzelhandels (Hrsg.): Unternehmensteuerreform bedroht Innenstädte und Nahversorgung, Ergebnisse einer DIHK/HDE-Umfrage, Berlin 2007, sowie Deutscher Industrie- und Handelskammertag: Evaluation der Unternehmensteuerreform, Umfrage zu den Auswirkungen der Unternehmensteuerreform 2008, Berlin 2009.

lich 3,5 v. H. beträgt. Für Kapitalgesellschaften beträgt die Gewerbesteuer dadurch bei einem Hebesatz von 400 statt vorher 17 v. H. jetzt nur noch 14 v. H. Für Personengesellschaften fiel durch die Reform allerdings die Messzahlstaffel weg, durch die in den allermeisten Fällen eine niedrigere Messzahl als 3,5 v. H. erreicht wurde. So werden durch den Wegfall der Messzahlstaffel Personenunternehmen zukünftig die „besseren" Gewerbesteuerzahler sein.

- *Wegfall des Betriebsausgabenabzugs und erhöhter Anrechnungsfaktor bei der Einkommensteuer*

Die Gewerbesteuer ist durch das Unternehmensteuerreformgesetz nicht mehr bei der Einkommensteuer und bei der Gewerbesteuer selbst als Betriebsausgabe abzugsfähig (§ 4 Abs. 5b EStG). Ziel war eine steuertechnische Vereinfachung, die zwar systematisch nicht korrekt ist - da die Gewerbesteuer der Sache nach eine Betriebsausgabe darstellt -, aber tatsächlich zu einer Vereinfachung führt.

Als Ausgleich für den Wegfall des Betriebsausgabenabzugs wurde der Anrechnungsfaktor bei der Einkommensteuer auf das 3,8fache des Gewerbesteuermessbetrags statt bisher das 1,8fache angehoben (§ 35 Abs. 1 EStG). Durch den neuen Abzugsfaktor wird die Gewerbesteuer bis zu einem Hebesatz von etwa 400 v. H. - bei einem ausreichend hohen gewerblichen Einkommen - neutralisiert. Dies hat allerdings zur Vorraussetzung, dass die Unternehmen einen im Vergleich zur Gewerbesteuer ausreichend hohen gewerblichen Gewinn und die Gemeinden einen Hebesatz unter 400 haben. Beides ist in vielen Fällen nicht der Fall, so dass die Anrechnung nicht vollständig ist. Im Jahr 2009 haben 119 der größeren Gemeinden einen höheren Hebesatz als 400, dort leben ein Drittel der Einwohner in Deutschland (27 Mio.).

Neu eingeführt wurde auch die Vorschrift, dass die Anrechnung auf die tatsächlich zu zahlende Gewerbesteuer beschränkt ist. Diese Regelung führt dazu, dass viele kleinere Kommunen über eine Anhebung ihres Hebesatzes auf 380 v. H. nachdenken, um die Anrechnungsmöglichkeit der Unternehmen voll auszunutzen. Nicht bedacht wird dabei, dass es sich häufig genug um eine rein rechnerische Anrechnung handelt, die nicht wirklich realisiert werden kann - außerdem gilt sie nicht für Kapitalgesellschaften.

3.2. Stagnierende Reformen bei der Grundsteuer

Die letzte große Grundsteuerreform datiert vom 7.8.1973[35]. D. h. das Grundsteuerrecht ist seit mehr als drei Jahrzehnten relativ unverändert geblieben – im Vergleich zur Gewerbesteuer ist das eine sehr gemächliche Entwicklung.

Das große und immer noch weitgehend ungelöste Problem der Grundsteuer ist die Bewertung des Bodens. Die Bemessungsgrundlage der Grundsteuer beruht auf Einheitswerten, die für die alten Bundesländer zum 1.1.1964 und für die neuen Bundesländer zum 1.1.1935 oder ersatzweise nach Wohn-/Nutzfläche festgestellt wurden und ist damit in den Wertverhältnissen hoffnungslos veraltet. Das Bundesverfassungsgerichtsurteil vom 22.6.1995 (2 BvL 37/91 und 2 BvR 552/91) stellt denn auch die Verfassungswidrigkeit einer Steuerbemessung nach Einheitswerten fest, dies allerdings nur für die Erbschaft- und die Vermögensteuer.

Das Verfassungsgericht (BVerfG 22.6.1995, 2 BvL 37/91) führte für die damaligen Verhältnisse im alten Bundesgebiet aus:

- „Den Einheitswerten des Grundbesitzes liegen die Wertverhältnisse des Jahres 1964 zugrunde (§ 27 BewG), die für einzelne einheitswertabhängige Steuern teilweise um 40 v. H. erhöht werden (§ 121a BewG). (…) Die seit 1964 eingetretene Wertentwicklung beim Grundbesitz wird in der Bemessungsgrundlage der Vermögensteuer nicht aufgenommen, obwohl das Konzept der Vermögensteuer auf eine gegenwartsnahe Bewertung angelegt ist und bei nicht der Einheitsbewertung unterliegenden Vermögensgegenständen auch weiterhin so durchgeführt wird." (III. 1. d)

- „Durch die Entwicklung der tatsächlichen Werte des Grundbesitzes sind mithin Belastungsunterschiede eingetreten, die mit dem Erfordernis einer gleichmäßigen steuerlichen Erfassung der wirtschaftlichen Einheiten unvereinbar sind" (III. 2. a)

Aufgrund des Urteils wurden für die Grunderwerbsteuer und für die Erbschaftsteuer die Bewertungsregeln angepasst. Mit seiner Entscheidung vom 7.11.2006 (1 BvL 10/02) hat das Bundesverfassungsgericht jedoch auch diese Regeln (§§ 138 ff. BewG) für verfassungswidrig erklärt. Die Richter stellen wiederum Zufälligkeit und Willkürlich der Bewertung fest (Rz. 154). Daraufhin hat das Bewertungsgesetz einen neuen Abschnitt mit Bewertungsregeln für die Erbschaft-

---

[35] Gesetz zur Reform des Grundsteuerrechts vom 7.8.1973, BGBl 1973 I, S. 965.

steuer bekommen (6. Abschnitt, §§ 157 ff. BewG)[36], die aktuelle Wertansätze sicherstellen. Sie gelten aber weder für die Grunderwerbsteuer noch für die Grundsteuer.

Insofern steht die Gleichheitswidrigkeit der Einheitsbewertung für die Grundsteuer[37] nach wie vor im Raum.

Auch wegen des ungünstigen Aufwand/Ertrags-Verhältnisses ist eine Reform überfällig. Allein die jährliche Fortschreibung der Werte und die Neuveranlagung der Grundsteuer binden bundesweit viele Mitarbeiter der Finanzverwaltung. Für Bayern wurden Personalkosten von 2,1 v. H. des Aufkommens berechnet, dabei 1,8 v. H. für die Grundsteuer B und 6,4 v. H. für die Grundsteuer A[38].

Seit dem Urteil des Bundesverfassungsgerichts von 1995 gibt es immer wieder Versuche, eine Grundsteuerreform anzustoßen.

<u>Reformkonzepte der Finanzministerkonferenzen 2000 und 2003</u>

Bereits seit 1997 befasste sich die Finanzministerkonferenz der Länder (FMK) mit einer Neuregelung der Grundsteuer, die die Verwerfungen in den Einheitswerten abstellen sollte. Die FMK beschloss am 4.5.2000 das Reformkonzept einer länderoffenen Arbeitsgruppe und forderte das Bundesfinanzministerium auf, auf der Basis dieses Vorschlags ein Gesetzgebungsverfahren einzuleiten. Im Wesentlichen beruhte die Reform auf einer Bewertung von Grundstücken mittels Bodenrichtwerten und typisierten Gebäudewerten. Der Bundesfinanzminister lehnte mit Schreiben vom 22.6.2000 an den Vorsitzenden der FMK unter Hinweis auf die alleinige Verwaltungs- und Ertragshoheit der Länder bzw. ihrer Gemeinden die Einleitung eines Gesetzgebungsverfahrens ab und forderte seinerseits die Länder auf, über den Bundesrat initiativ zu werden. Daraufhin brachten Bayern und Hessen einen ganz anders gearteten Gesetzesantrag[39] in den Bundesrat ein, mit dem die Gesetzgebungskompetenz für die Grundsteuer zu den Ländern zurückgeholt werden sollte. Der Antrag der beiden Länder sah vor, in § 38 GrStG einen Absatz 2 einzufügen, welcher die Anwendung des Ge-

---

[36] Erbschaftsteuerreformgesetz vom 24.12.2008, BGBl 2008 I Nr. 66, S. 3018.

[37] Siehe Kühnold, J. und Stöckel, R.: Einheitsbewertung und Grundsteuer verfassungswidrig, in: NWB Nr. 44 vom 29.10.2007, F. 11, S. 767.

[38] Reform der Grundsteuer, Bericht des Bayerischen Staatsministers der Finanzen und des Ministers der Finanzen des Landes Rheinland-Pfalz an die Finanzministerkonferenz, Januar 2004, S. 19.

[39] BR-Drs. 306/01 vom 17.4.2001

setzes ausschließt, wenn eine landesrechtliche Regelung existiert (sog. Öffnungsklausel)[40]. Nachdem sich im Finanzausschuss des Bundesrates keine Mehrheit dafür abzeichnete, wurde der Antrag zurückgestellt.

Um den Stillstand zu überwinden, wurden Rheinland-Pfalz und Bayern - Bayern hatte den Arbeitsgruppenvorschlag von 2000 als zu kompliziert abgelehnt - beauftragt, einen konsensfähigen Vorschlag für eine Reform der Grundsteuer zu erarbeiten. Die dazu eingesetzte Arbeitsgruppe legte ihr Konzept auf der FMK am 3.10.2003 vor[41]. Am 5.5.2006 willigte das Bundesfinanzministerium ein, auf der Grundlage des gemeinsamen Reformvorschlags einen Gesetzesvorschlag auszuarbeiten[42]. Die Vorbereitung der Unternehmensteuerreform 2008, der Erbschaftsteuerreform 2008 und anschließend die Finanzkrise und die Bundestagswahl im September 2009 ließen jedoch den Gesetzgebungsprozess wiederum stocken.

Unternehmensteuerreform 2008: Grundsteuer C

Im Rahmen der Unternehmensteuerreform wurde auch über die Einführung einer Grundsteuer C diskutiert, die bereits in anderer Form in den Jahren 1961 und 1962 bestand. Diese Steuer sollte, so die Überlegung, Geschäftsgrundstücke stärker belasten, um im Gegenzug ertragsunabhängige Elemente aus der Gewerbesteuer zu entfernen[43]. Dagegen sprach, dass eine Verdoppelung der Messzahl für Geschäftsgrundstücke zu erheblichen Mehrbelastungen bei denjenigen Unternehmen führen würde, die gleichzeitig durch eine reformierte Gewerbesteuer nur wenig entlastet oder sogar höher belastet werden. Für viele Unternehmen wäre hierdurch die ertragsunabhängige Besteuerung insgesamt gravierender ge-

---

[40] Die Grundsteuer fällt unter die konkurrierende Gesetzgebung nach Art. 105 Abs. 2 GG auf Basis des Art. 72 Abs. 2 GG, welcher dem Bund das Gesetzgebungsrecht gibt, wenn es „die Wahrung der Rechts- oder Wirtschaftseinheit im gesamtstaatlichen Interesse" erforderlich macht. Die vorgesehene Öffnungsklausel steht dazu in gewissem Widerspruch, denn das Bundesgesetz, welches seine Legitimation aus der angenommenen Notwendigkeit eines bundeseinheitlichen Rechts bezieht, würde sich gleichzeitig selbst zu Gunsten unterschiedlicher, landesrechtlicher Regelungen außer Kraft setzen.

[41] Eine Darstellung der Reformvorschläge findet sich in der IFSt-Schrift Nr. 420 (Institut Finanzen und Steuern: Entwicklung der Realsteuerhebesätze der Gemeinden mit 50.000 und mehr Einwohnern im Jahr 2004 gegenüber 2003, Bonn 2004, S. 30 ff.).

[42] Finanzministerkonferenz, Mitteilung an die Presse vom 5.5.2006, München.

[43] So beschlossen in den Eckpunkten der Unternehmensteuerreform in der Beschlussfassung des Koalitionsausschusses vom 2.7.2006.

4. Langfristige Aufkommensentwicklungen

4.1. Gewerbesteuer

Das Aufkommen der Gewerbesteuer sinkt im Jahr Eins nach der Finanz- und Wirtschaftskrise deutlich. Mit minus 15 v. H. rechnen die Steuerschätzer und kommunalen Spitzenverbände. Damit fällt es unter die drei letzten guten Gewerbesteuerjahre zurück - nicht mehr aber auch nicht weniger.

Abbildung 2:

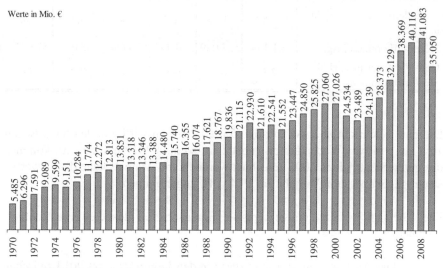

Quelle: BMF, Arbeitskreis „Steuerschätzung"

Das Aufkommen der Gewerbesteuer ist in den letzten 40 Jahren relativ kontinuierlich gewachsen, allerdings weist es im Vergleich mit anderen Steuerarten starke Schwankungen auf. Der deutlichste Einbruch erfolgte in den Jahren 2001 und 2002, er wiederholt sich jetzt im Jahr 2009 mit noch größerer Ausprägung. Anfang 2000 stagnierte bzw. schrumpfte auch das gesamte Steueraufkommen, besonders stark brach die Körperschaftsteuer ein. Eine nachlassende Konjunktur zusammen mit der Unternehmensteuerreform 2001 ließ die Haushalte aller Gebietskörperschaften ins Ungleichgewicht geraten. Diese Situation haben wir heute wieder. Die gesamten Steuereinnahmen sollen um 6,1 v. H. zurückgehen, die der Gewerbesteuer um mehr als das Doppelte.

Übersicht 5:
Aufkommensentwicklung 2008 bis 2013[51]
- Gewerbesteuer -

	in Mio. €/ in v. H.					
	2008	2009	2010	2011	2012	2013
Gewerbesteuer	41.083	35.050	34.850	36.750	39.850	43.500
Veränderung ggü. Vorjahr in v. H.	2,4	-14,7	-0,6	5,5	8,4	9,2
Gewerbesteuerumlage	3.361	2.866	3.118	3.288	3.565	3.892
Veränderung ggü. Vorjahr in v. H.	-12,7	-14,7	8,8	5,5	8,4	9,2
Gewerbesteuer netto	34.298	29.579	29.068	30.643	33.218	36.344
Veränderung ggü. Vorjahr in v. H.	3,5	-13,8	-1,7	5,4	8,4	9,4
Steueraufkommen insg.	561.194	527.049	510.447	526.654	552.042	575.060
Gewerbesteuer in v. H. des Steueraufkommens	7,3	6,7	6,8	7,0	7,2	7,6

Die gute Nachricht aber ist: Für die Zeit ab 2011 an wird von den Steuerschätzern ein positives Wachstum prognostiziert, so dass 2012 mit dem Aufkommen des guten Steuerjahres 2006 gerechnet werden kann. Damals hatte die Gewerbesteuer gegenüber dem Vorjahr um 19,4 v. H. zugenommen.

Die Übersicht 5 zeigt einige typische Eigenschaften des Gewerbesteueraufkommens:

- Das Aufkommen schwankt stark: in den Jahren 2008 bis 2013 zwischen -14,7 und erwarteten +9,2 v. H.
- Die Gewerbesteuerumlage dämpft diese Schwankungen kaum
- Das Aufkommen der Gewerbesteuer schwankt stärker als die gesamten Steuereinnahmen – der Anteil der Gewerbesteuer liegt in der Prognose bis 2013 zwischen 6,7 und 7,6 v. H.

Ob die Gewerbesteuer sich tatsächlich so entwickeln wird, wie die Schätzungen es vorhersagen, ist fraglich. In der Vergangenheit lagen die Schätzungen meist

---

[51] Bundesministerium der Finanzen: Ergebnis der 134. Sitzung des Arbeitskreises „Steuerschätzungen" vom 12. bis 14. Mai in Bad Kreuznach 2009.

deutlich unter dem tatsächlichen Wachstum – von unvorhergesehenen Einbrüchen wie der Finanzkrise 2008/2009 einmal abgesehen. Besonders deutlich war das im guten Steuerjahr 2006:

Die Steuerschätzung von 2002 ging für das Jahr 2006 noch von einem Aufkommen von 29,3 Mrd. Euro aus, 2004 erwarteten die Steuerschätzer dann nur noch knapp 28 Mrd. Euro, im Jahr 2005 schätzte man dann schon 30,4 Mrd., 2006 dann sogar 34,2 Mrd. Euro. Tatsächlich wurde ein Aufkommen von 38,4 Mrd. Euro erreicht. Ähnlich, wenn auch nicht ganz so ausgeprägt, verhielt es sich im Jahr 2007 und sogar noch 2008. Noch im Mai wurde für 2008 ein Rückgang der Gewerbesteuereinnahmen um 9,8 v. H. vorhergesagt, tatsächlich wuchs es trotz einsetzender Krise um 3,5 v. H. (siehe Abb. 3).

Es ist also durchaus möglich, dass der Einbruch bei der Gewerbesteuer dieses Jahr nicht ganz so stark ausfällt, wie vorhergesagt, und dass das Aufkommen nächstes Jahr schon wieder wächst, bedingt z. B. durch die Hinzurechnungen und den Wegfall der Messzahlstaffel für Personenunternehmen.

Abbildung 3:

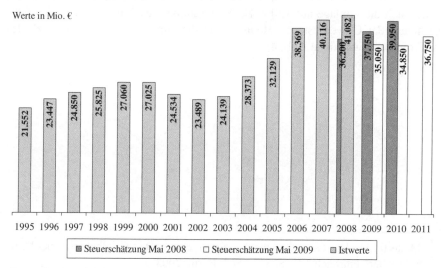

Quelle: BMF: Arbeitskreis „Steuerschätzung"

Mit der langfristig guten Aufkommensentwicklung werden die grundlegenden Probleme der Gewerbesteuer eher verdeckt. Das Aufkommen der Gewerbesteuer stammt nach wie vor hauptsächlich von großen Personenunternehmen und Kapitalgesellschaften[52]. Das führt zwangsläufig dazu, dass die Gewerbesteuer je nach Konjunktur und spezifische Ertragslage der ansässigen Unternehmen stark schwankt. Dies zeigt sich wieder deutlich in der gegenwärtigen Krise.

Bei leeren Kassen sind Reformen unmöglich. Bei vollen Kassen aber werden die Probleme vergessen. Ein Beispiel dafür ist die Pressemitteilung der kommunalen Spitzenverbände zur Unternehmensteuerreform: „Das wachsende Aufkommen der Gewerbesteuer seit 2004 unterstreicht, dass diese Steuer für die Kommunen von existenzieller und weiter zunehmender Bedeutung ist"[53]. Das Muster wird sich beim nächsten Aufschwung wiederholen. Es ist überfällig, die Gewerbesteuer durch eine kommunale Unternehmensteuer zu ersetzen und in ein stabiles, transparentes Kommunalsteuersystem einzubinden - allein die Einsicht geht mit den Gelegenheiten verloren. Dies haben zuletzt die ausgebliebene Gemeindefinanzreform 2003 und die Unternehmenssteuerreform 2008 gezeigt.

4.2. Gewerbesteuerumlage

Seit 1970 in den alten und seit 1993 in den neuen Bundesländern führen die Gemeinden an Bund und Länder eine Gewerbesteuerumlage ab. Ursprünglich belief sich die Umlage auf 120 v. H. der Grundbeträge[54] und 40 v. H. des Aufkommens der Gewerbesteuer. Heute macht die Umlage nur noch 16 v. H. des Aufkommens aus (siehe Abb. 4).

---

[52] Maiterth, R.: Die Gewerbesteuer als ungerechtfertigte „Großbetriebsteuer?", in: Schmollers Jahrbuch 123, S. 545 - 562, Berlin 2003.
[53] Deutscher Städtetag, Pressemitteilung vom 24.7.2006.
[54] Grundbetrag = Ist-Aufkommen der Gewerbesteuer, dividiert durch den Hebesatz der Gewerbesteuer.

Abbildung 4:

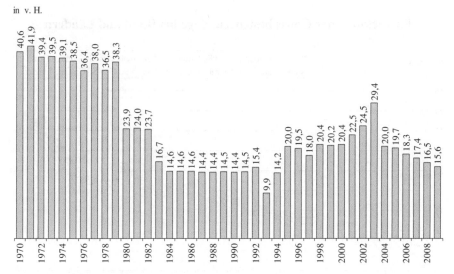

Quelle: BMF: Arbeitskreis "Steuerschätzung, eigene Berechnungen

Die Umlage ist von ihrer Entstehung her eine Ausgleichszahlung der Gemeinden an Bund und Länder für die ab 1970 gewährte Beteiligung der Gemeinden an der Lohn- und der veranlagten Einkommensteuer, die bis dahin ausschließlich Bund und Ländern zugeflossen waren.

Im Zuge der Gewerbesteuerentlastungen in den Jahren ab 1970 (z. B. mehrfache Anhebung der Freibeträge beim Gewerbeertrag und Gewerbekapital, Abschaffung der Lohnsummensteuer, Steuerausfälle auf Grund allgemeiner Entlastungsmaßnahmen, Abschaffung der Gewerbekapitalsteuer) wurde ein Teil der Einnahmeausfälle der Gemeinden durch die Gewerbesteuerumlage kompensiert. Andererseits wurde in den Fällen, in denen die Gemeinden aus gesetzlichen Änderungen, vor allem im Bilanzsteuerrecht, Mehreinnahmen bei der Gewerbeertragsteuer erzielten, die Gewerbesteuerumlage erhöht, so dass sich insgesamt bundesgesetzliche Änderungen mit der Umlage austarieren.

Mit der Wiedervereinigung hat die Umlage in den alten Bundesländern eine zusätzliche Aufgabe erhalten. Sie dient neben dem Ausgleich von Änderungen im Steuerrecht nun auch dazu, die Gemeinden an den Lasten der deutschen Einheit zu beteiligen. Bis zum Jahr 2019 wird die Umlage der alten Länder so erhöht, dass ein Betrag von 2,58 Mrd. Euro den Ländern zufließt, um die Gemeinden am Solidarpakt zu beteiligen, der bis zum Jahre 2019 gilt (siehe erhöhte GewSt-Umlage in der Abb. 5).

Abbildung 5:

Entwicklung der Gewerbesteuerumlage bei Bund und Ländern

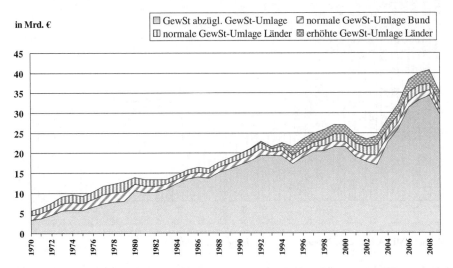

Quelle: BMF: Arbeitskreis "Steuerschätzung"

Von Mitte der 1990er- bis Mitte der 2000er-Jahre stieg die Abführungspflicht der Gemeinden aus ihrem Gewerbesteueraufkommen in der Tendenz kontinuierlich an. Grund für den letzten starken Anstieg war die mit dem Steuersenkungsgesetz 2000 beschlossene Verbreiterung der Bemessungsgrundlage der Einkommensteuer. Sie sollte den Gemeinden sowohl bei der Einkommensteuer als auch bei der Gewerbesteuer mehr Einnahmen bringen, im Gegenzug wurde die Umlage erhöht. Tatsächlich blieb der Einnahmezuwachs aus.

Mit dem „Gesetz zur Reform der Gewerbesteuer" vom 23.12.2003[55] wurde die Umlage zum 1.1.2004 dann wieder deutlich abgesenkt. Für die folgenden Jahre bis einschließlich 2008 war eine weitere Senkung vorgesehen. Sie wurde mit dem Unternehmensteuerreformgesetz noch einmal verstärkt, um den von den Kommunen befürchteten Einnahmeausfällen entgegenzuwirken.

Insgesamt ist die Gewerbesteuerumlage seit Einführung im Jahre 1970 deutlich

---

[55] Gesetz zur Änderung des Gewerbesteuergesetzes und anderer Gesetze vom 23.12.2003, BGBl 2003 I, S. 2922.

angewachsen, das Gesamtaufkommen der Gewerbesteuer ist aber noch stärker angestiegen. Mit dem Einbruch der Steuereinnahmen im Jahr 2009 geht auch die Umlage zurück, die zukünftige Entwicklung ist noch nicht abzusehen.

4.3. Grundsteuer

Das Aufkommen der Grundsteuer entwickelt sich im Unterschied zur Gewerbesteuer im Zeitablauf kontinuierlich aufwärts. Es gibt keine Einbrüche, ganz im Gegensatz zur Gewerbesteuer. Die Grundsteuer ist vom Volumen her zwar viel weniger bedeutend als die Gewerbesteuer, von ihrer Stetigkeit her aber bemerkenswert. Sie wächst langsam, aber kontinuierlich (siehe Abb. 6).

Abbildung 6:

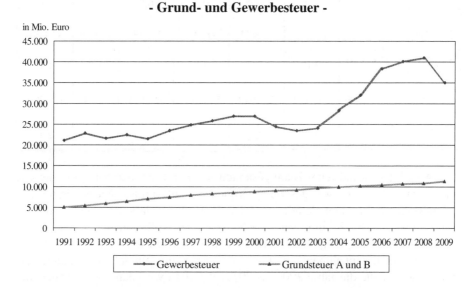

Quelle: Statistisches Bundesamt, Fachserie 14; BMF: Arbeitskreis „Steuerschätzung"

Seit 1950 ist die Grundsteuer B nur in zwei Jahren (1952 und 1998) leicht zurückgegangen, in allen anderen Jahren hat das Aufkommen zugenommen. Mitte der 1970er Jahre lag der Zuwachs sogar zwischen 10 und 20 v. H., ebenso Anfang der 1990er Jahre noch einmal bei knapp 10 v. H., zurückzuführen auf eine wachsende Bemessungsgrundlage durch starke Bautätigkeit[56]. Seitdem ist nur

---

[56] Thöne, Michael: Eine neue Grundsteuer – Nur Anhängsel der Gemeindesteuerre-

noch das Hebesatzniveau, aber nicht mehr die Bemessungsgrundlage gestiegen. Das Grundsteueraufkommen nahm in den letzten 10 Jahren nur noch um durchschnittlich 2,7 v. H. bei der Grundsteuer B und 0,8 v. H. bei der Grundsteuer A zu[57]. Die Steuerschätzer rechnen für die ferneren Schätzjahre regelmäßig nur noch mit 1,9 v. H. bzw. 0 v. H. Aufkommenszuwachs (siehe Übersicht 6).

Übersicht 6:
Aufkommensentwicklung 2008 bis 2013[58]
- Grundsteuer -

	in Mio. €/in v. H.					
	2008	2009	2010	2011	2012	2013
Grundsteuer A	358,8	357	357	357	357	357
Veränderung ggü. Vorjahr in v. H.	1,0	-0,5	0,0	0,0	0,0	0,0
Grundsteuer B	10.461	10.970	11.185	11.400	11.615	11.830
Veränderung ggü. Vorjahr in v. H.	1,0	4,9	2,0	1,9	1,9	1,9
Steueraufkommen insg.	561.194	527.049	510.447	526.654	552.042	575.060
Grundsteuer B in v. H. des Steueraufk.	1,9	2,1	2,2	2,2	2,1	2,1

Der Anteil der Grundsteuer B am gesamten Steueraufkommen beträgt in diesem Jahr gerade 2,1 v. H. Am gesamten Grundsteueraufkommen hat wiederum die Grundsteuer A nur einen Anteil von 3,2 v. H. Dadurch dass das gesamte Steueraufkommen im Durchschnitt stärker wächst als das Aufkommen der Grundsteuer, nimmt ihr Anteil am Steueraufkommen tendenziell ab. In Krisenzeiten, in denen die Steuereinnahmen zurückgehen, ist aber auch einmal eine Zunahme zu beobachten, siehe die Jahre 2009 bis 2011. Bis 2013 wird dann wieder eine Abnahme auf 2,1 v. H. geschätzt.

---

form? In: Lang, Joachim: Reform der Gemeindesteuern, Zwischen kommunaler Finanznot und internationalem Steuerwettbewerb, Loccumer Protokolle 59/05, S. 178, Loccum 2006.

[57] Bundesministerium der Finanzen: Finanzbericht 2010, Berlin 2009, Tabelle 11.
[58] Bundesministerium der Finanzen: Ergebnis der 134. Sitzung des Arbeitskreises „Steuerschätzungen" vom 12. bis 14. Mai 2009 in Bad Kreuznach, Berlin 2009, eigene Berechnungen.

II. Zur Entwicklung der Realsteuerhebesätze

1. Methodische Erläuterungen

Die Umfrage zu den Realsteuerhebesätzen erfasst alle Gemeinden mit 50.000 und mehr Einwohnern, jeweils für das laufende Jahr und das Vorjahr. Deutschland hat im Jahr 2009 188 Städte und Gemeinden dieser Größe, wovon 23 auf die neuen Bundesländer entfallen[59]. Es gibt darunter 14 Großstädte ab 500.000 Einwohner, die gesondert ausgewiesen und analysiert werden.

Die größeren Gemeinden mit 50.000 und mehr Einwohnern machen nur 1,5 v. H. der Gemeinden in Deutschland aus. Nach der letzten Statistik gibt es insgesamt 12.228 Gemeinden (Stand: 30.6.2008)[60], davon in den alten Ländern 8.492 und in den neuen Bundesländern 3.736 Gemeinden. Von den insgesamt 82,1 Mio. Einwohnern in Deutschland wohnen 40 v. H. in den von unserer Umfrage erfassten Gemeinden.

Die amtliche Finanzstatistik berichtet regelmäßig eingehend über die Realsteuern und deren Hebesatzentwicklung in allen Gemeinden Deutschlands[61]. Wegen der großen Zahl der Gemeinden und der zum Teil verzögerten jährlichen Hebesatzfestsetzungen erscheint die amtliche Publikation trotz Umstellung mit zeitlichem Abstand zum Berichtsjahr. Es besteht aber bei den Betroffenen – insbesondere für die Planung – ein Bedarf an aktuellen Informationen über die jährliche Hebesatzentwicklung. Um diesem Informationsbedürfnis Rechnung zu tragen, führt das Institut "Finanzen und Steuern" jährlich in Zusammenarbeit mit den Industrie- und Handelskammern eine Hebesatzumfrage in den standortpolitisch wichtigen mittleren und größeren Städten und Gemeinden durch.

Bei der Berechnung der gewogenen Durchschnittshebesätze werden die jeweiligen Hebesätze in beiden Berichtsjahren mit den neuesten verfügbaren Einwohnerzahlen[62] der amtlichen Statistik gewichtet, da die Realsteuermessbeträge bzw. die Realsteuergrundbeträge, die das Statistische Bundesamt für die Ermittlung der gewogenen Durchschnittshebesätze verwendet, zum Erfassungszeitpunkt noch nicht vorliegen. Bei einer Gewichtung der beiden Vergleichsjahre mit einem konstanten Wägungsschema wird erreicht, dass die Veränderungen

---

[59] Berlin eingeschlossen.
[60] Statistisches Bundesamt: Fachserie 14 Finanzen und Steuern, Reihe 10.1 Realsteuervergleich, Wiesbaden 2009. Berlin wird statistisch sowohl zu den alten als auch zu den neuen Ländern gezählt, deshalb die Diskrepanz bei Addition der Werte für die alten und die neuen Länder.
[61] Ebenda.
[62] Stand: 31.12.2007.

der Durchschnittshebesätze allein die Entwicklung der kommunalen Hebesatzfestsetzungen widerspiegeln.

Die Daten haben den Stand Juli 2009; Änderungen, die im zweiten Halbjahr eintreten, werden erst mit der Analyse des Jahres 2010 berücksichtigt.

2. Entwicklung der Hebesätze der Gewerbesteuer

2.1. Durchschnittlicher Hebesatz

Im Jahr 2009 ändert sich keiner der drei Realsteuersätze im Durchschnitt der größeren Gemeinden. Nur wenige Gemeinden nehmen Änderungen vor, ohne dass dies Auswirkungen auf den Durchschnitt hat.

Durchschnittlicher Hebesatz bundesweit

Im Jahr 2009 haben von den 188 erfassten Gemeinden nur zwei ihre Gewerbesteuerhebesätze erhöht, vier Gemeinden haben sie gesenkt. Der durchschnittliche Hebesatz beträgt wie in den beiden Vorjahren und damit jetzt schon das dritte Jahr in Folge 432 v. H. 2008 gab es zum Vergleich sechs Erhöhungen und fünf Senkungen[63], 2007 gab es fünf Erhöhungen und acht Senkungen. Die seit mehreren Jahren zu beobachtende Zurückhaltung der Kommunen bei den Gewerbesteuerhebesätzen bleibt also bestehen. Sicherlich ist die unsichere Einnahmenentwicklung auf die Unternehmensteuerreform zusammen mit der Finanz- und Wirtschaftskrise und auch die zuletzt gute Einnahmenentwicklung zurückzuführen. Da die Einnahmen dieses Jahr stark zurückgehen und die Unsicherheiten auf steuerrechtlichem und wirtschaftlichem Gebiet abnehmen, kann die Tendenz bei den Hebesätzen allerdings im nächsten Jahr schon wieder nach oben zeigen.

Dieses Jahr gibt es Erhöhungen in nur 1 v. H. (2009) der erfassten Gemeinden, in den letzten Jahren waren es noch 3 v. H. (2008) und 2 v. H. (2007). In den Jahren 2001 bis 2005 gab es deutlich mehr Bewegungen (siehe Abb. 7).

---

[63] Senkungen nach dem 30.6.2009 sind hierbei nicht berücksichtigt.

Abbildung 7:

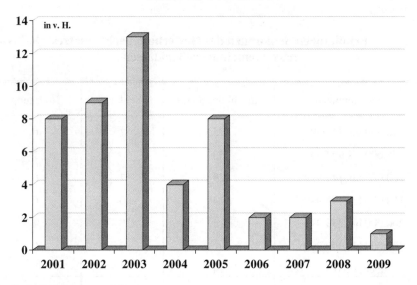

Quelle: Institut Finanzen und Steuern

Eine Betrachtung der Erhöhungen und Senkungen nach Gemeindegrößenklassen zeigt aufgrund der wenigen Bewegungen kein erkennbares Muster (siehe Übersicht 7). Die Änderungen sind über alle Größenklassen gestreut.

Übersicht 7:

Erhöhungen/Senkungen des Gewerbesteuerhebesatzes nach Gemeindegrößenklassen

Einwohneranzahl	Anzahl der Städte	Senkung	Erhöhung
50.000 bis 74.999	75	1	0
75.000 bis 99.999	32	0	1
100.000 bis 149.999	29	2	0
150.000 bis 199.999	14	0	0
200.000 bis 299.999	18	0	1
300.000 bis 499.999	6	0	0
über 500.000	14	1	0
Summe	188	4	2

Der bundesdurchschnittliche Hebesatz hat sich bis 2005 nach oben entwickelt, sank im steuerstarken Jahr 2007 sogar wieder ab und ist jetzt im zweiten Jahr konstant (siehe Übersicht 8).

Übersicht 8:

Durchschnittlicher Hebesatz der Gewerbesteuer in den Gemeinden mit 50.000 und mehr Einwohnern

Jahr	2002	2003	2004	2005	2006	2007	2008	2009
GewSt-Hebesatz	430	431	432	433	433	432	432	432

Die im letzten Jahr noch zu beobachtende Tendenz kleinerer Gemeinden, den Hebesatz auf 380 v. H. zu erhöhen, um so die Anrechnungsmöglichkeiten der Personenunternehmen auszunutzen, setzt sich in diesem Jahr nur vereinzelt fort. Auch dies darf auf die Unsicherheit der Finanzlage zurückgeführt werden.

Durchschnittlicher Hebesatz in den Bundesländern

2009 liegen wie in den Vorjahren zehn Bundesländer mit ihren Hebesätzen auf oder unter dem Bundesdurchschnitt von 432 v. H, sechs Länder liegen darüber. Der Stadtstaat Hamburg ist mit 470 v. H. nach wie vor der Spitzenreiter (siehe Übersicht 9).

Durchschnittliche Hebesatzveränderungen finden 2009 in den neuen Bundesländern statt. Thüringen und Brandenburg gehörten schon in den letzten beiden Jahren zu den Hebesatz senkenden Ländern. In diesem Jahr sind es wiederum diese beiden Länder, in denen der durchschnittliche Hebesatz sinkt. Zusammen mit Baden-Württemberg weisen die beiden Länder jetzt das niedrigste durchschnittliche Hebesatzniveau in Deutschland auf. Dies ist nach den früheren hohen Niveaus eine gute Entwicklung. Ohne ihren Spitzenreiter Potsdam mit 450 v. H. würde Brandenburg mit seinen vier größeren Kommunen noch weit deutlicher unter 400 v. H. liegen. Mecklenburg-Vorpommern macht von dieser guten Entwicklung allerdings mit der Landeshauptstadt Schwerin eine unrühmliche Ausnahme: alle drei Realsteuerhebesätze steigen in 2009 deutlich, der durchschnittliche Hebesatz der Gewerbesteuer steigt um 7 Prozentpunkte und damit über den Durchschnitt des Landes Niedersachsen.

Baden-Württemberg hat mit 391 v. H. nach wie vor den niedrigsten durchschnittlichen Hebesatz, aber hier mitverursacht durch den moderaten Hebesatz der Landeshauptstadt Stuttgart mit 420 v. H. Nach Berlin ist dies der niedrigste Hebesatz einer deutschen Großstadt. Rheinland-Pfalz bleibt weiterhin auf einem niedrigen Hebesatzniveau unterhalb der 400 Prozentmarke.

Sachsen und Sachsen-Anhalt spielen weiter in der höchsten Liga der Gewerbesteuerhebesätze mit, gefolgt von Bayern, wo Münchens Hebesatz das Niveau nach oben drückt. In Nordrhein-Westfalen gibt es Änderungen nach oben und unten, die sich im Durchschnitt gegenseitig aufheben.

Übersicht 9:

Durchschnittlicher Hebesatz der Gewerbesteuern in den Gemeinden mit 50.000 und mehr Einwohnern nach Ländern

Rang-folge[*)]	Bundesland	GewSt Durchschnitts-satz 2009	GewSt Durch-schnittssatz 2008	Veränderung in v. H.-Punkten
1.	BW	391	391	0
2.	**BB**	391	394	**-3**
3.	**TH**	392	396	**-4**
4.	RP	399	399	0
5.	B	410	410	0
6.	SH	413	413	0
7.	NI	417	417	0
8.	**MV**	424	417	**7**
9.	SL	428	428	0
10.	HB	432	432	0
	Bundesdurchschnitt	**432**	**432**	0
11.	HE	432	432	0
12.	NW	447	447	0
13.	BY	447	447	0
14.	ST	450	450	0
15.	SN	452	452	0
16.	HH	470	470	0

[*)] nach Gewerbesteuer-Hebesatz 2009, Fettdruck: Änderungen gegenüber Vorjahr

2.2. Hebesatzgefälle

Hebesatzgefälle bundesweit

Bei einer Schichtung der 188 erfassten Städte nach Hebesatzgruppen zeigen sich wie schon im Vorjahr kaum systematische Verschiebungen. Der Trend einer allmählichen Anteilsschrumpfung in den unteren Hebesatzgruppen bis 390 v. H., der sich in den vergangenen Jahren gezeigt hatte, ist in diesem Jahr nicht explizit erkennbar (siehe Übersicht 10).

Übersicht 10:
Streuung nach Hebesatzgruppen
- Gewerbesteuer -

Hebesatz von ... bis unter ...	Gemeinden			
	2009		2008	
v. H.	Anzahl	v. H.	Anzahl	v. H.
320 - 350	1	0,5	1	0,5
350 - 370	25	13,3	23	11,7
370 - 390	19	10,1	19	10,1
390 - 410	32	17,0	34	19,1
410 - 430	29	15,4	28	14,9
430 - 450	33	17,6	34	17,6
450 - 470	36	19,1	36	19,1
470 - 490	10	5,3	11	5,9
490 - 510	3	1,6	2	1,1
insgesamt	188	100	188	100

Statt einer Normalverteilung sind aber die Hebesatzgruppen links und rechts der Mitte - 390 - 410 und 450 - 470 v. H. - relativ stark vertreten, deutlich rechts der Mitte liegt ja auch der Durchschnittshebesatz mit 432 v. H.. Hier zeigt sich im Trend der vergangen Jahre ein Auseinanderdriften, das die Mitte (410 - 450 v. H.) etwas schwächer besetzt lässt (siehe Abb. 8). Auch die ganz hohen Hebesatzgruppen ab 450 werden im Trend der vergangenen Jahre deutlich häufiger gewählt. Eine Ursache dafür ist sicher der hohe durchschnittliche Hebesatz im Nordrhein-Westfalen. Im bevölkerungsstärksten Bundesland zwingen der kommunale Finanzausgleich und die hohe Verschuldung zu immer höheren Gewerbesteuern.

Abbildung 8:

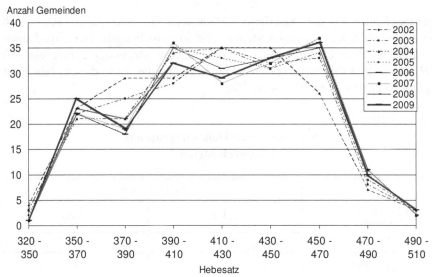

Quelle: Institut Finanzen und Steuern

Hebesatzgefälle in den Großstädten

Nachdem es im Jahr 2006 keine Veränderung bei den Hebesätzen der Großstädte gab, 2007 Frankfurt a. M. seinen Gewerbesteuerhebesatz deutlich um 30 Prozentpunkte und Düsseldorf um 5 Prozentpunkte senkte und 2008 wiederum keine Änderung zu verzeichnen war, bleibt auch dieses Jahr fast alles beim Alten. Lediglich Düssseldorf geht noch einmal um 5 Punkte auf 440 v. H. zurück.

In der Regel sind die Großstädte Spitzenreiter bei den Realsteuerhebesätzen - besonders bei der Gewerbesteuer - und Orientierungspunkt für die Umlandgemeinden. Die Tendenz bei den Gewerbesteuerhebesätzen der Großstädte weist aber insgesamt nach unten - ein Zeichen für den Standortwettbewerb zwischen Städten und Umlandgemeinden.

So musste Frankfurt a. M. 2007 die Erfahrung machen, dass eine Konkurrenzgemeinde im Umland die eigene Hebesatzsenkung so schnell nachvollzog, dass das Ziel einer Differenzverringerung nicht eintrat. Gelegentlich haben Nachbargemeinden großer Städte die höheren Hebesätze - wie Potsdam mit 450 v. H.

gegenüber Berlin mit 410 v. H. oder die Gemeinden um Flensburg mit 380 v. H. gegenüber der Stadt Flensburg mit 375 v. H., dies ist aber die Ausnahme

München ist weiter Spitzenreiter bei den Großstädten mit 490 v. H., gefolgt von Hamburg und Essen mit 470 v. H. Im Mittelfeld sind Leipzig, Hannover und Frankfurt a. M. mit 460 v. H. zusammen mit Köln, Dresden und Dortmund - jeweils 450 v. H. - angesiedelt. Am unteren Ende befinden sich Düsseldorf und Bremen mit 440 v. H., Stuttgart mit nur 420 v. H. und Berlin mit nur 410 v. H. (siehe Übersicht 11).

Übersicht 11:
Hebesätze der Gewerbesteuer in den Großstädten mit 500.000 und mehr Einwohnern

Stadt	Einwohner*⁾	Hebesatz 2009 in v. H.	Veränderung ggü. Vorjahr in v. H.-Punkten
Berlin	3.416.255	410	0
Stuttgart	597.176	420	0
Bremen	547.769	440	0
Düsseldorf	581.122	**440**	**-5**
Nürnberg	503.110	447	0
Dortmund	586.909	450	0
Dresden	507.513	450	0
Köln	995.397	450	0
Frankfurt am Main	659.021	460	0
Hannover	518.069	460	0
Leipzig	510.512	460	0
Essen	582.140	470	0
Hamburg	1.770.629	470	0
München	1.311.573	490	0

*) Stand 31.12.2007

Von allen Gemeinden mit 50.000 und mehr Einwohnern hat wie im Vorjahr die Stadt Rüsselsheim mit 340 v. H. den niedrigsten Hebesatz (siehe Tabelle 2 im Anhang). Sie steht seit mehreren Jahren am unteren Ende der Skala. Es folgen acht Städte mit 350 v. H., von denen drei in Baden-Württemberg liegen. Das obere Ende der Skala nimmt München zusammen mit Bottrop ein, danach folgen erst einmal fast ausschließlich Städte in Nordrhein-Westfalen.

119 der größeren Gemeinden weisen im Jahr 2009 einen höheren Hebesatz als 400 auf. Die vollständige Anrechnung der Gewerbesteuer auf die Einkommensteuer (§ 35 EStG) ist maximal bis zu diesem Niveau möglich. In diesen Gemeinden wohnen 27 Mio. Einwohner, d. h. ein Drittel der Einwohner in Deutschland.

3. Entwicklung der Hebesätze der Grundsteuer B

Die Grundsteuer B entwickelt sich zu einer immer wichtigeren Gemeindesteuer. Zwar steigen ihre Hebesätze nicht mehr so stark und das Aufkommen geht sogar relativ zurück, ihre Reform ist aber nur aufgeschoben und wird voraussichtlich in Zukunft die Bedeutung dieser Steuer erhöhen (siehe Kapitel I.).

3.1. Durchschnittlicher Hebesatz

Durchschnittlicher Hebesatz bundesweit

Der bundesdurchschnittliche Hebesatz der Grundsteuer B verharrt 2009 auf hohem Niveau, er beträgt wie in den letzten beiden Jahren 494 v. H. (Übersicht 12) und beendet damit erst einmal den starken Anstieg der Jahre davor. 2007 war er noch um ganze 17 Prozentpunkte gestiegen - wesentlich aufgrund der Erhöhung von 660 auf 810 v. H. in Berlin -, 2006 um 2 Punkte gegenüber 10 Punkten in 2005.

Übersicht 12:

Durchschnittlicher Hebesatz der Grundsteuer B in den Gemeinden mit 50.000 und mehr Einwohnern

Jahr	2002	2003	2004	2005	2006	2007	2008	2009
GrSt-Hebesatz	455	461	465	475	477	494	494	494

In den beiden Vorjahren waren bei der Grundsteuer B die relativ größten Veränderungen zu beobachten, wenn auch in geringem Ausmaß. Diese Entwicklung setzt sich in 2009 kaum noch fort. 2009 erhöhen bei der Grundsteuer B nur noch drei größere Kommunen ihre Hebesätze, zwei senken sie - ähnlich wenige wie in den Vorjahren (2008: vier, 2007: fünf, 2006: eine, 2005: zwei). Ein Muster bezogen auf die Gemeindegrößenklassen ist auch bei der Grundsteuer B dieses Jahr nicht zu erkennen (siehe Übersicht 13).

Übersicht 13:

**Erhöhungen/Senkungen des Hebesatzes der
Grundsteuer B nach Gemeindegrößenklassen**

Einwohneranzahl	Anzahl der Städte	Senkung	Erhöhung
50.000 bis 74.999	75	1	1
75.000 bis 99.999	32	0	1
100.000 bis 149.999	29	0	0
150.000 bis 199.999	14	0	0
200.000 bis 299.999	18	0	1
300.000 bis 499.999	6	0	0
über 500.000	14	1	0
Summe	188	2	3

Drei Gemeinden entsprechen 1,6 v. H. der 188 erfassten Gemeinden. Der Anteil der erhöhenden Gemeinden nimmt im Trend ab, die Anteile bleiben aber immer noch beharrlich über denen der Gewerbesteuer (siehe Abb. 9).

Abbildung 9:

Erhöhungen der Grundsteuer B im Vergleich zur Gewerbesteuer
- Anteil der Kommunen -

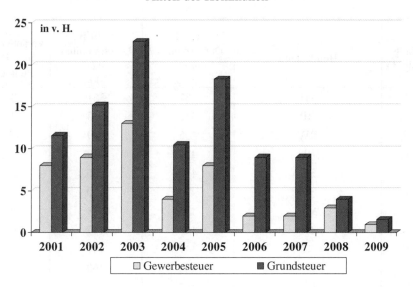

Quelle: Institut Finanzen und Steuern

Durchschnittlicher Hebesatz in den Bundesländern

2009 ist der durchschnittliche Hebesatz der Grundsteuer B in einem Land gesunken und in zwei gestiegen. Die Rangfolge der Bundesländer ändert sich unwesentlich: Mecklenburg-Vorpommern rutscht von Platz 6 auf Platz 7, Nordrhein-Westfalen von 11 auf 12.

In der Spitzengruppe ändert sich nichts: Wie bisher liegen die vier Länder Sachsen, Hamburg, Bremen und Berlin über dem Bundesdurchschnitt, Berlin ist und bleibt Spitzenreiter mit 810 v. H. Die 12 Länder, die unter dem Durchschnittssatz liegen, werden angeführt von Thüringen und Rheinland-Pfalz, die besonders niedrige Durchschnittshebesätze von 361 und 375 v. H. aufweisen.

Insgesamt differieren die Durchschnittshebesätze der Grundsteuer B zwischen den Bundesländern sehr viel stärker als die der Gewerbesteuer (siehe Übersicht 14).

Übersicht 14:

Durchschnittlicher Hebesatz der Grundsteuer B in den Gemeinden mit 50.000 und mehr Einwohnern nach Ländern

Rangfolge*)	Bundesland	GrSt B Durchschnittssatz 2009	GrSt B Durchschnittssatz 2008	Veränderung in v. H.-Punkten
1.	TH	361	361	0
2.	RP	375	375	0
3.	**BW**	405	409	**-4**
4.	HE	420	420	0
5.	SH	426	426	0
6.	SL	430	430	0
7.	**MV**	436	428	**8**
8.	NI	447	447	0
9.	ST	447	447	0
10.	BB	460	460	0
11.	BY	462	462	0
12.	**NW**	462	461	**1**
	Bundesdurchschnitt	**494**	**494**	**0**
13.	SN	535	535	0
14.	HH	540	540	0
15.	HB	571	571	0
16.	B	810	810	0

*) Nach Grundsteuer B-Hebesatz 2009, Fettdruck: Änderungen gegenüber Vorjahr

3.2. Hebesatzgefälle

Hebesatzgefälle bundesweit

Die Spannweite der Grundsteuer B-Hebesätze ist sehr viel größer als die der beiden anderen Realsteuern. Dies ist nicht zuletzt auf den hohen Hebesatz in Berlin zurückzuführen und dies wiederum auf die in Berlin niedrigen Bodenwerte, die im Ostteil der Stadt besonders veraltet sind.

Schon in der Vergangenheit zeigte sich, dass die niedrigen Hebesatzgruppen schwächer und die höheren stärker besetzt werden. Diese Entwicklung setzt sich in diesem Jahr fort. Sie ist in der Übersicht 15 dargestellt. Man kann auch von einer stärkeren Gleichverteilung in den Hebesatzgruppen sprechen, die sich dieses Jahr wie schon in den Vorjahren zeigt.

Im Jahr 2002 hatten 57,1 v. H. der erfassten Städte Hebesätze von 390 v. H. und mehr, 2003 waren es dann schon 64,6 v. H., 2004 dann 66,7 v. H., 2005 schließlich 70,9 v. H., 2006 waren es 72,3 v. H. Seit 2007 bleibt der Anteil bei etwa 71 v. H.

Übersicht 15:

Streuung nach Hebesatzgruppen
- Grundsteuer B -

Hebesatz von ... bis unter ... in v. H.	Gemeinden			
	2009		2008	
	Anzahl	v. H.	Anzahl	v. H.
bis 300	4	2,1	4	2,1
300 – 320	5	2,7	5	2,7
320 – 350	8	4,3	7	3,7
350 – 370	**9**	**4,8**	10	5,3
370 – 390	28	14,9	28	14,9
390 – 410	29	15,4	29	15,4
410 – 430	**25**	**13,3**	26	13,8
430 – 450	12	6,4	12	6,4
450 – 470	**23**	**12,2**	22	11,7
470 – 490	12	6,4	12	6,4
490 – 510	**20**	**10,6**	21	11,2
510 – 530	1	0,5	1	0,5
530 – 550	**8**	**4,3**	7	3,7
550 – 570	0	0,0	0	0,0
570 – 590	1	0,5	1	0,5
590 – 610	1	0,5	1	0,5
610 – 630	0	0,0	0	0,0
630 – 650	1	0,5	1	0,5
650 – 670	0	0,0	0	0,0
über 670	1	0,5	1	0,5
insgesamt	188	100	188	100

Die Abbildung 10 zeigt wie die Tabelle die breitere Streuung der Hebesätze bei der Grundsteuer im Vergleich zur Gewerbesteuer. Ebenso zeigt sie die Bewegung weg von niedrigeren hin zu höheren Hebesätzen und eine im Zeitablauf geringere Anzahl von Hebesätzen im Bereich von 390 bis 430 v. H.

Der Durchschnittshebesatz von 494 liegt knapp rechts der mittleren Hebesatzgruppe (470 - 490 v. H.).

Abbildung 10:
Streuung nach Hebesatzgruppen
- Grundsteuer B -

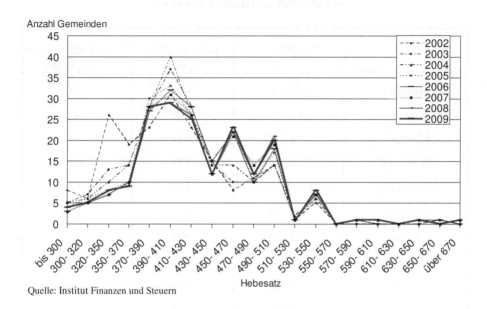

Quelle: Institut Finanzen und Steuern

Hebesatzgefälle in den Großstädten

In den Großstädten ist die Grundsteuer B neben der Gewerbesteuer die bedeutendste Realsteuer. Sie wird aber in sehr unterschiedlicher Weise genutzt. Die Bandbreite der Grundsteuer-Hebesätze umfasst bei den Großstädten 410 Prozentpunkte. Im Jahr 2009 stehen fast keine Veränderungen an.

Im Jahr 2005 hatten München und Hamburg ihre Grundsteuer B-Sätze deutlich erhöht. 2006 gab es eine geringe Senkung um 5 Punkte in Düsseldorf, eine weitere Senkung von 20 Prozentpunkten im Jahr 2008.

2009 nun senkt Stuttgart den Hebesatz um 20 Punkte und liegt damit deutlich am unteren Rand der Großstädte. Düsseldorf folgt mit deutlichem Abstand zu Frankfurt a. M., 2007 waren die beiden Städte noch gleichauf.

Berlin steigerte 2007 seinen Hebesatz von 660 v. H. auf 810 v. H. und liegt seitdem einsam an der Spitze (siehe Übersicht 16).

Übersicht 16:

Hebesätze der Grundsteuer B in den Großstädten mit 500.000 und mehr Einwohnern

Stadt	Einwohner*⁾	Hebesatz 2009 in v. H.	Veränd. ggü. Vorj. in v. H.-Punkten
Stuttgart	597.176	400	**-20**
Düsseldorf	581.122	440	0
Frankfurt am Main	659.021	460	0
Dortmund	586.909	470	0
München	1.311.573	490	0
Nürnberg	503.110	490	0
Köln	995.397	500	0
Leipzig	510.512	500	0
Essen	582.140	510	0
Hannover	518.069	530	0
Hamburg	1.770.629	540	0
Bremen	547.769	580	0
Dresden	507.513	635	0
Berlin	3.416.255	810	0

*) Stand 31.12.2007

In der Gesamtbetrachtung aller Gemeinden mit 50.000 und mehr Einwohnern (siehe die Tabellen im Anhang) ist die Niveaudifferenz der Hebesätze noch größer:
- Bad Homburg v.d.H. hat unverändert den niedrigsten Hebesatz von 240 v. H.
- Einen Hebesatz unter 300 v. H. wenden daneben nur noch Norderstedt, Weimar und Lingen/Ems an.
- Am oberen Ende der Skala nimmt Dresden mit einem Hebesatz von 635 neben Berlin den Spitzenplatz ein, Freiburg folgt mit 600, Bremen mit 580 und Hamburg mit 540 v. H.

4. Vergleich der Durchschnittshebesätze der Realsteuern

4.1. Vergleich der Realsteuerhebesätze bundesweit

Die Abbildung 11 zeigt den langfristigen Trend steigender Hebesätze bei Gewerbesteuer und Grundsteuer - hier mit den vom Statistischen Bundesamt erstellten Daten aller Kommunen - sowie die Annäherung der Hebesätze von Gewerbesteuer und Grundsteuer in den letzten Jahren[64].

Seit 2005 ist der durchschnittliche Hebesatz der Grundsteuer B höher als der der Gewerbesteuer. Im laufenden Jahr steigen aber auch in den kleineren Kommunen die Hebesätze der Grundsteuer eher selten.

Abbildung 11:

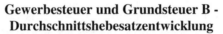

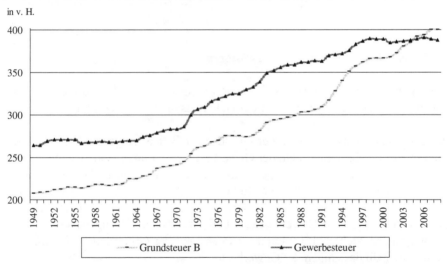

Quelle: Statistisches Bundesamt, Fachserie 14, Reihe 10.1

Der Hebesatz der Grundsteuer B übersteigt bei den Gemeinden mit 50.000 und mehr Einwohnern den Gewerbesteuerhebesatz deutlich (Übersicht 17), während

---

[64] Statistisches Bundesamt: Fachserie 14 Finanzen und Steuern, Reihe 10.1. (bis 1975 Reihe 9) Realsteuervergleich, Jahrgänge 1969 bis 2008.

er im Durchschnitt aller Gemeinden nur knapp darüber liegt.

Übersicht 17:

Entwicklung der Hebesätze im Bundesdurchschnitt in Gemeinden mit 50.000 und mehr Einwohnern

Steuerart	Jahr						
	2003	2004	2005	2006	2007	2008	2009
Gewerbesteuer	431	432	433	433	432	432	**432**
Grundsteuer A	260	261	267	267	269	269	269
Grundsteuer B	461	465	475	477	494	494	**494**

4.2. Vergleich zwischen den Bundesländern

In der Länderbetrachtung zeigt sich wiederum, dass sich die Grundsteuer in Bezug auf die Hebesätze dynamischer entwickelt als die Gewerbesteuer.

Der durchschnittliche Hebesatz der Grundsteuer B liegt entgegen dem Bundestrend in vier Ländern unter dem der Gewerbesteuer, darunter sind zwei neue und zwei alte Bundesländer (Thüringen und Sachsen-Anhalt, Rheinland-Pfalz und Hessen - siehe Übersicht 18). Die Reihenfolge dieser vier Länder hat sich gegenüber dem letzten Jahr nicht geändert, lediglich in Thüringen haben sich die Durchschnittssätze von Gewerbesteuer und Grundsteuer B angenähert. In der überwiegenden Mehrzahl der Länder jedoch liegt der Grundsteuerhebesatz seit Jahren oberhalb desjenigen der Gewerbesteuer.

Den im Vergleich zur Gewerbesteuer höchsten Grundsteuer B-Hebesatz hat nach wie vor Berlin (197,6 v. H.), mit einigem Abstand gefolgt von Bremen (132,2 v. H.) und Sachsen (118,4 v. H.).

Übersicht 18:
Vergleich der Durchschnittshebesätze der Realsteuern nach Ländern

Bundesländer*)	Hebesätze 2009 in v. H.			Grund-steuer B in v. H. des Gewerbe-steuer-hebesatzes	Grund-steuer A in v. H. des Gewerbe-steuer-hebesatzes
	Gewerbe-steuer	Grund-steuer B	Grund-steuer A		
TH	392	361	254	92,1	64,8
RP	399	375	295	94,0	73,9
HE	432	420	251	97,2	58,1
ST	450	447	250	99,3	55,6
SL	428	430	275	100,5	64,3
MV	**424**	**436**	289	102,8	68,2
SH	413	426	342	103,2	82,8
NW	447	**462**	224	103,4	50,1
BY	447	462	389	103,4	87,0
BW	391	**405**	353	103,6	90,3
NI	**417**	447	381	107,2	91,4
Bundesdurchschnitt	**432**	**494**	**269**	**114,4**	62,3
HH	470	540	225	115,0	47,9
BB	**391**	460	316	117,7	80,8
SN	452	535	313	118,4	69,3
HB	432	571	245	132,2	56,7
B	410	810	150	197,6	36,6

*) Rangfolge nach Grundsteuer B in v. H. des Gewerbesteuerhebesatzes, Fettdruck = Änderungen gegenüber Vorjahr bzw. Bundesdurchschnitt

Der Grundsteuer B-Hebesatz bleibt im Bundesdurchschnitt bei dem Vor- und Vorvorjahreswert von 114,4 v. H. des Durchschnittssatzes der Gewerbesteuer. Er betrug 2006 noch 110,2 v. H., lag 2005 auf der Höhe von 109,7 v. H. und 2004 bei 107,6 v. H.

Der bundesdurchschnittliche Hebesatz der Grundsteuer A bleibt ebenfalls beim Vorjahreswert, während er letztes Jahr noch leicht angestiegen war (Werte in den vergangen Jahren: 2007: 62,0 v. H., 2006: 61,7 v. H., 2005: 61,4 v. H., 2004: 60,4 v. H.).

Unter dem Durchschnitt liegen wie in den vergangenen beiden Jahren fünf Länder, auch hier in der gleichen Reihenfolge wie letztes Jahr mit leichten Verschiebungen der Hebesätze gegeneinander in Brandenburg. 2004 lagen noch sechs Länder unter dem Durchschnitt, 2006 waren es drei, 2005 waren es ebenfalls vier.

Besonders hohe Grundsteuerlasten erlegen Baden-Württemberg und Niedersachen der Land- und Forstwirtschaft auf. Das Verhältnis von Grundsteuer A-Hebesatz und Gewerbesteuer-Hebesatz beträgt hier 90,3 v. H. und 91,4 v. H.

Trotz des höheren Durchschnittshebesatzes bleibt das Aufkommen der Grundsteuer B nach wie vor deutlich unter dem der Gewerbesteuer. Die Ursache liegt in den Bemessungsgrundlagen. Während die Gewerbesteuer auf die aktuellen Gewerbeerträge erhoben wird, beruht die Grundsteuer auf veralteten Bodenwerten. Die Grundsteuer wird noch nach Einheitswerten auf der Wertbasis 1.1.1964 in den alten Bundesländern und auf der Basis der Einheitswerte 1935 in den neuen Bundesländern erhoben. Hinzu kommen Unterschiede in der statistischen Erfassung der Messbeträge in den Bundesländern, die die Ergiebigkeit der Grundsteuer beeinflussen.

Dies verdeutlicht ein zeitlicher Vergleich der Grundbeträge der Gewerbesteuer und der Grundsteuer B, also des tatsächlichem Aufkommens ohne Anwendung des Hebesatzes[65]. Die Grundbeträge weichen besonders bei der Gewerbesteuer von den Messbeträgen ab, weil die kassenmäßigen Steuereinnahmen Zahlungen für frühere Erhebungszeiträume enthalten. Trotzdem ist der Grundbetrag ein guter Indikator für die Höhe der Bemessungsgrundlage.

Die Summe der Gewerbesteuer-Grundbeträge lag 2008 bei 10,6 Mrd. Euro und damit deutlich höher als in den Vorjahren (9,8 Mrd. im Jahr 2007, 8,2 Mrd. Euro in den Jahren 2005 und 2006, 7,4 Mrd. Euro im Jahr 2004 und 6,2 Mrd. Euro im Jahr 2003). Dagegen lag die Summe der Grundsteuer B-Grundbeträge[66] 2008 nur bei 2,61 Mrd. Euro. Auch sie ist leicht angestiegen gegenüber den Vorjahren (2,59 Mrd. im Jahr 2007, 2,55 Mrd. in 2006, 2,52 Mrd. Euro im Jahr 2005, 2,49 Mrd. Euro im Jahr 2004 und 2,45 Mrd. Euro im Jahr 2003), liegt aber deutlich unter denen der Gewerbesteuer.

Ein Hebesatzpunkt bei der Gewerbesteuer erbringt damit das 4-fache an Steueraufkommen eines Hebesatzpunktes bei der Grundsteuer B - mit steigender Tendenz, denn der Anstieg der Grundbeträge ist bei der Gewerbesteuer deutlich dy-

---

[65] Ist-Aufkommen dividiert durch Ist-Hebesatz.
[66] Siehe Statistisches Bundesamt: Fachserie 14 Finanzen und Steuern, Reihe 10.1 Realsteuervergleich 2008.

namischer als bei der Grundsteuer.

4.3. Vergleich zwischen den Großstädten

In den Großstädten ist der Grundsteuer B-Hebesatz in der Regel mindestens auf der Höhe des Gewerbesteuersatzes, meist deutlich oberhalb (siehe Übersicht 19). In nur einer Großstadt - Stuttgart - liegt der Hebesatz der Gewerbesteuer 2009 höher als der der Grundsteuer B und dies auch nur um 20 Prozentpunkte. Stuttgart senkte gegen den Trend dieses Jahr die Grundsteuer.

Düsseldorf, Frankfurt a. M. und München weisen 2009 keine Differenz der Hebesätze zwischen Gewerbesteuer und Grundsteuer B mehr auf:

- Im Jahr 2008 hatte Düsseldorf eine positive Differenz von 5 Punkten, es hat den Gewerbesteuerhebesatz dieses Jahr um 5 Punkte abgesenkt.

- Im Jahr 2006 wies Frankfurt a.M. eine positive Differenz von 30 Prozentpunkten auf, es senkte 2007 den Gewerbesteuerhebesatz um 30 Punkte ab.

Die relativ höheren Grundsteuer B-Hebesätze beginnen bei Dortmund mit 20 Punkten und enden bei Berlin mit 400 Differenzpunkten oberhalb der Gewerbesteuer.

Die Unterschiede zwischen den Sätzen der Grundsteuer A und B variieren stark zwischen den Großstädten:

- Stuttgart, München und Hannover setzen die Grundsteuer A auf gleichem Niveau wie die Grundsteuer B an,
- in den anderen Städten liegt die Grundsteuer B um ein Drittel (Leipzig, Nürnberg) oder das Doppelte (Essen, Dresden) über der Grundsteuer A
- in Berlin ist der Hebesatz der Grundsteuer B mehr als fünfmal so hoch wie der der Grundsteuer A.

Gründe für diese Unterschiede sind nicht direkt erkennbar.

Übersicht 19:
Vergleich der Hebesätze
in Großstädten mit 500.000 und mehr Einwohnern

Stadt	Einwohner*)	Hebesätze 2009 in v. H.			Differenz des GewSt-Hebesatzes zum GrSt-B-Hebesatz in v. H.-Punkten
		GewSt	GrSt B	GrSt A	
Berlin	3.416.255	410	810	150	-400
Dresden	507.513	450	635	280	-185
Bremen	547.769	440	580	250	-140
Hamburg	1.770.629	470	540	225	-70
Hannover	518.069	460	530	530	-70
Köln	995.397	450	500	165	-50
Nürnberg	503.110	447	490	332	-43
Essen	582.140	470	510	255	-40
Leipzig	510.512	460	500	350	-40
Dortmund	586.909	450	470	184	-20
München	1.311.573	490	490	490	0
Frankfurt am Main	659.021	460	460	175	0
Düsseldorf	581.122	440	440	156	0
Stuttgart	597.176	420	400	400	20

*) Stand 31.12.2007, Rangfolge nach Hebesatzdifferenz

III. Zusammenfassung

Das Jahr 2009 ist geprägt durch die Finanz- und Wirtschaftskrise. Die Hebesätze aller drei Realsteuern bleiben im Durchschnitt der größeren Kommunen konstant. Dies ist eine bewerkenswerte Situation. Sie kann als Reaktion auf die große finanzielle Unsicherheit in der Krise, aber auch als Auswirkung der Unternehmensteuerreform 2008 gewertet werden: Der Standortwettbewerb nimmt zu. Es ist jedoch zu befürchten, dass die Ruhe bei den Hebesätzen nicht auf Dauer anhält, sondern dann zu Ende ist, wenn die Wirkungen der Unternehmensteuerreform 2008 und das Ende der Krise spürbar werden.

Der Trend der letzten Jahre zu niedrigeren Hebesätzen bei der Gewerbesteuer und höheren Hebesätzen bei der Grundsteuer setzt sich dieses Jahr nicht fort. Hinweise aus den kleineren Kommunen deuten weiterhin in Einzelfällen eine Tendenz zur Erhöhung der Gewerbesteuerhebesätze zumindest dort an. Die größeren Kommunen aber bleiben zu 99 v. H. bei ihren bisherigen Sätzen.

Die Hebesätze der Grundsteuer sind inzwischen bei den größeren Gemeinden deutlich höher als die der Gewerbesteuer, aber die Tendenz zur Erhöhung ist auch hier dieses Jahr gestoppt. Die Grundsteuer wächst in ihrem Aufkommen, in ihrem Anteil am gesamten Steueraufkommen geht sie aber zurück. Das Aufkommen der Grundsteuer B bleibt trotz des höheren Durchschnittshebesatzes nach wie vor deutlich hinter dem der Gewerbesteuer zurück. Eine Reform steht noch aus.

Nach der positiven Entwicklung der Gemeindefinanzen der vergangenen Jahre wachsen die Zweifel an der zukünftigen Entwicklung – die Gewerbesteuer bricht 2009 stark ein. In einer Situation, in der viele Gemeinden nach wie vor von hohen Schulden belastet sind und die sozialen Ausgaben in der Wirtschaftskrise zunehmen, sind Einnahmeverluste nur durch wiederum höhere Schulden ausgleichbar. Diese Situation ruft nach grundlegenden Reformen statt nach Flickwerk bei einzelnen Steuern.

Das Aufkommen der Gewerbesteuer hatte nach dem Einbruch in den Jahren 2001 und 2002 ein ausnehmend hohes Niveau erreicht, das noch im letzten Jahr trotz beginnender Wirtschaftskrise gewachsen war. Von 41 Mrd. Euro sinken die Gewerbesteuereinnahmen dieses Jahr voraussichtlich auf 35 Mrd. Damit fällt das Aufkommen unter die drei letzten guten Gewerbesteuerjahre zurück. Zu beklagen ist die große Schwankungsbreite des örtlichen Aufkommens. In vielen Gemeinden hängt das Gewerbesteueraufkommen von wenigen Betrieben und deren Ertragssituation ab. Die Unsicherheit der Gewerbesteuereinnahmen zeigt sich in diesem Reformjahr besonders deutlich.

Weiterhin große Sorge macht den Unternehmen die Hinzurechnung von Finanzierungskosten zum Gewerbeertrag, die mit dem Unternehmensteuerreformgesetz 2008 verstärkt wurde. Sie führt zu einer Verkrustung der Gewerbesteuer. Statt die konjunkturelle Anfälligkeit dieser Steuer grundlegend zu verringern, schadet die Besteuerung von Kosten den Unternehmen mehr als sie den Kommunen nützt.

Die Hinzurechnungen bei der Gewerbesteuer können in bestimmten Branchen und in Phasen von Verlusten und Ertragsschwäche zu einem deutlichen Anstieg der Steuerbelastung führen. In der Folge werden Eigenkapital und Investitionen vermindert oder Standorte aufgegeben. Dies zeigt sich zuerst in einigen Branchen wie z. B. dem Innenstadthandel, der Lebensmittelnahversorgung und den forschungsintensiven Unternehmen mit hohen Miet- oder Lizenzkosten. In der Krise sind Unternehmen branchenübergreifend betroffen.

Nur eine Reform, die die kommunalen Steuern auf viele Schultern verteilt und Unternehmen und Bürger auch transparent an den Ausgaben beteiligt, wird die Kommunalfinanzen auf Dauer stabiler machen. Eine ertragsunabhängige Besteuerung der gewerblichen Wirtschaft dagegen ist ein Relikt, das in die heutige Zeit mobiler Unternehmen und mobilen Kapitals nicht passt.

Seite

IV. Tabellenanhang

Tabelle 1:	Realsteuer-Hebesätze 2009 der Gemeinden mit 50.000 und mehr Einwohnern und Veränderungen gegenüber dem Vorjahr 2008 - in alphabetischer Reihenfolge -	64
Tabelle 2:	Realsteuer-Hebesätze 2009 der Gemeinden mit 50.000 und mehr Einwohnern - nach Gewerbesteuer-Hebesätzen in aufsteigender Folge -	70
Tabelle 3:	Realsteuer-Hebesätze 2009 der Gemeinden mit 50.000 und mehr Einwohnern - nach Bundesländern -	76

Tabelle 1

Realsteuer-Hebesätze 2009 der Gemeinden mit 50.000 und mehr Einwohnern und Veränderungen gegenüber dem Vorjahr 2008
– in alphabetischer Reihenfolge –

Gemeinden	Bundesland	Hebesätze 2009					
		Gewerbesteuer		GrSt B		GrSt A	
		in v. H.	Veränd. ggü. Vj. in v. H.-Pkt.	in v. H.	Veränd. ggü. Vj. in v. H.-Pkt.	in v. H.	Veränd. ggü. Vj. in v. H.-Pkt.
Aachen, Stadt	NW	445	0	470	0	270	0
Aalen, Stadt	BW	360	0	349	0	300	0
Ahlen, Stadt	NW	425	0	390	0	250	0
Arnsberg, Stadt	NW	423	0	421	0	227	0
Aschaffenburg, Stadt	BY	385	0	350	0	200	0
Augsburg, Stadt	BY	435	0	460	0	345	0
Bad Homburg v.d. Höhe, Stadt	HE	350	0	240	0	190	0
Bad Salzuflen, Stadt	NW	405	0	381	0	195	0
Baden-Baden, Stadt	BW	380	0	455	0	455	0
Bamberg, Stadt	BY	390	0	425	0	280	0
Bayreuth, Stadt	BY	370	0	400	0	250	0
Bergheim, Stadt	NW	450	0	430	0	300	0
Bergisch Gladbach, Stadt	NW	455	0	455	0	255	0
Bergkamen, Stadt	NW	450	0	410	0	260	0
Berlin, Stadt	B	410	0	810	0	150	0
Bielefeld, Stadt	NW	435	0	440	0	270	0
Bocholt, Stadt	NW	403	0	381	0	192	0
Bochum, Stadt	NW	450	0	495	0	250	0
Bonn, Stadt	NW	450	0	500	0	250	0
Bottrop, Stadt	NW	490	0	530	0	265	0
Brandenburg an der Havel, Stadt	BB	350	0	450	0	300	0
Braunschweig, Stadt	NI	450	0	450	0	320	0
Bremen, Stadt	HB	440	0	580	0	250	0
Bremerhaven, Stadt	HB	395	0	530	0	220	0
Castrop-Rauxel, Stadt	NW	470	0	410	0	170	0
Celle, Stadt	NI	370	0	410	0	270	0
Chemnitz, Stadt	SN	450	0	475	0	300	0
Cottbus, Stadt	BB	360	-10	450	0	400	0
Cuxhaven, Stadt	NI	365	0	420	0	320	0
Darmstadt, Wissenschaftsstadt	HE	425	0	370	0	252	0

Gemeinden	Bundesland	Hebesätze 2009					
		Gewerbesteuer		GrSt B		GrSt A	
		in v. H.	Veränd. ggü. Vj. in v. H.-Pkt.	in v. H.	Veränd. ggü. Vj. in v. H.-Pkt.	in v. H.	Veränd. ggü. Vj. in v. H.-Pkt.
Delmenhorst, Stadt	NI	405	0	400	0	350	0
Dessau-Roßlau, Stadt	ST	450	0	460	0	250	0
Detmold, Stadt	NW	410	0	400	0	192	0
Dinslaken, Stadt	NW	434	0	417	0	233	0
Dormagen, Stadt	NW	440	0	381	0	220	0
Dorsten, Stadt	NW	460	0	450	0	225	0
Dortmund, Stadt	NW	450	0	470	0	184	0
Dresden, Stadt	SN	450	0	635	0	280	0
Duisburg, Stadt	NW	470	0	500	0	260	0
Düren, Stadt	NW	450	0	470	0	223	0
Düsseldorf, Stadt	NW	440	-5	440	0	156	0
Emden, Stadt	NI	420	0	440	0	320	0
Erftstadt, Stadt	NW	420	0	400	0	240	0
Erfurt, Stadt	TH	400	0	370	0	220	0
Erlangen, Stadt	BY	410	0	460	0	300	0
Eschweiler, Stadt	NW	430	0	391	0	240	0
Essen, Stadt	NW	470	0	510	0	255	0
Esslingen am Neckar, Stadt	BW	390	0	380	0	380	0
Euskirchen, Stadt	NW	418	0	380	0	240	0
Flensburg, Stadt	SH	375	0	460	0	350	0
Frankfurt (Oder), Stadt	BB	350	0	410	4	355	5
Frankfurt am Main, Stadt	HE	460	0	460	0	175	0
Freiburg im Breisgau, Stadt	BW	400	0	600	0	600	0
Friedrichshafen, Stadt	BW	350	0	340	0	300	0
Fulda, Stadt	HE	365	0	315	0	170	0
Fürth, Stadt	BY	425	0	480	0	350	0
Garbsen, Stadt	NI	398	0	398	0	398	0
Gelsenkirchen, Stadt	NW	480	0	530	0	265	0
Gera, Stadt	TH	380	0	370	0	270	0
Gießen, Universitätsstadt	HE	420	0	360	0	330	0
Gladbeck, Stadt	NW	440	0	440	0	170	0
Göppingen, Stadt	BW	365	0	370	0	370	0
Görlitz, Stadt	SN	450	0	500	0	360	0
Göttingen, Stadt	NI	430	0	530	0	530	0
Greifswald, Hansestadt	MV	395	0	405	0	230	0
Grevenbroich, Stadt	NW	450	0	420	0	260	0
Gummersbach, Stadt	NW	430	0	391	0	270	0
Gütersloh, Stadt	NW	380	0	300	0	175	0

Gemeinden	Bundes-land	Hebesätze 2009					
		Gewerbesteuer		GrSt B		GrSt A	
		in v. H.	Veränd. ggü. Vj. in v. H.-Pkt.	in v. H.	Veränd. ggü. Vj. in v. H.-Pkt.	in v. H.	Veränd. ggü. Vj. in v. H.-Pkt.
Hagen, Stadt	NW	450	0	495	0	245	0
Halle (Saale), Stadt	ST	450	0	440	0	250	0
Hamburg, Freie und Hansestadt	HH	470	0	540	0	225	0
Hameln, Stadt	NI	365	0	420	0	340	0
Hamm, Stadt	NW	450	0	465	0	210	0
Hanau, Stadt	HE	430	0	320	0	200	0
Hannover, Landeshauptstadt	NI	460	0	530	0	530	0
Hattingen, Stadt	NW	470	0	500	0	250	0
Heidelberg, Stadt	BW	400	0	470	0	250	0
Heilbronn, Stadt	BW	380	0	410	0	330	0
Herford, Stadt	NW	400	0	381	0	200	0
Herne, Stadt	NW	460	0	500	0	240	0
Herten, Stadt	NW	430	0	500	0	240	0
Hilden, Stadt	NW	400	0	380	0	190	0
Hildesheim, Stadt	NI	410	0	450	0	350	0
Hürth, Stadt	NW	420	0	381	0	170	0
Ibbenbüren, Stadt	NW	403	0	395	0	205	0
Ingolstadt, Stadt	BY	400	0	460	0	350	0
Iserlohn, Stadt	NW	440	0	400	0	200	0
Jena, Stadt	TH	395	-20	380	0	220	0
Kaiserslautern, Stadt	RP	395	0	370	0	280	0
Karlsruhe, Stadt	BW	410	0	370	0	370	0
Kassel, documenta-Stadt	HE	440	0	490	0	450	0
Kempten (Allgäu), Stadt	BY	387	0	380	0	250	0
Kerpen, Stadt	NW	460	0	450	0	300	0
Kiel, Landeshauptstadt	SH	430	0	450	0	350	0
Koblenz, Stadt	RP	395	0	360	0	300	0
Köln, Stadt	NW	450	0	500	0	165	0
Konstanz, Universitätsstadt	BW	360	0	310	0	310	0
Krefeld, Stadt	NW	440	0	475	0	220	0
Landshut, Stadt	BY	380	0	390	0	300	0
Langenfeld (Rheinland), Stadt	NW	360	-20	336	-20	150	-20
Langenhagen, Stadt	NI	430	0	385	0	385	0
Leipzig, Stadt	SN	460	0	500	0	350	0
Leverkusen, Stadt	NW	460	0	500	0	250	0
Lingen (Ems), Stadt	NI	350	0	295	0	290	0

Gemeinden	Bundesland	Hebesätze 2009					
		Gewerbesteuer		GrSt B		GrSt A	
		in v. H.	Veränd. ggü. Vj. in v. H.-Pkt.	in v. H.	Veränd. ggü. Vj. in v. H.-Pkt.	in v. H.	Veränd. ggü. Vj. in v. H.-Pkt.
Lippstadt, Stadt	NW	403	0	381	0	192	0
Lübeck, Hansestadt	SH	430	0	460	0	350	0
Lüdenscheid, Stadt	NW	432	0	398	0	232	0
Ludwigsburg, Stadt	BW	360	0	310	0	310	0
Ludwigshafen am Rhein, Stadt	RP	360	0	390	0	320	0
Lüneburg, Hansestadt	NI	360	0	390	0	280	0
Lünen, Stadt	NW	470	0	499	0	310	0
Magdeburg, Landeshauptstadt	ST	450	0	450	0	250	0
Mainz, Stadt	RP	440	0	400	0	290	0
Mannheim, Universitätsstadt	BW	415	0	400	0	225	0
Marburg, Universitätsstadt	HE	370	0	330	0	280	0
Marl, Stadt	NW	480	0	530	0	200	0
Meerbusch, Stadt	NW	440	0	400	0	230	0
Menden (Sauerland), Stadt	NW	440	0	440	0	230	0
Minden, Stadt	NW	410	0	381	0	228	0
Moers, Stadt	NW	460	0	410	0	240	0
Mönchengladbach, Stadt	NW	450	0	475	0	220	0
Mülheim an der Ruhr, Stadt	NW	470	0	500	0	230	0
München, Landeshauptstadt	BY	490	0	490	0	490	0
Münster, Stadt	NW	440	0	420	0	210	0
Neubrandenburg, Stadt	MV	375	0	410	0	275	0
Neumünster, Stadt	SH	375	0	375	0	375	0
Neuss, Stadt	NW	445	0	425	0	205	0
Neustadt an der Weinstraße, Stadt	RP	390	0	350	0	270	0
Neu-Ulm, Stadt	BY	350	0	350	0	335	0
Neuwied, Stadt	RP	395	0	340	0	270	0
Norderstedt, Stadt	SH	390	0	260	0	250	0
Nordhorn, Stadt	NI	356	0	348	0	270	0
Nürnberg, Stadt	BY	447	0	490	0	332	0
Oberhausen, Stadt	NW	490	20	530	25	250	0
Offenbach am Main, Stadt	HE	440	0	400	0	250	0
Offenburg, Stadt	BW	380	0	420	0	280	0
Oldenburg, Stadt	NI	410	0	410	0	340	0
Osnabrück, Stadt	NI	425	0	430	0	280	0

Gemeinden	Bundesland	Hebesätze 2009					
		Gewerbesteuer		GrSt B		GrSt A	
		in v. H.	Veränd. ggü. Vj. in v. H.-Pkt.	in v. H.	Veränd. ggü. Vj. in v. H.-Pkt.	in v. H.	Veränd. ggü. Vj. in v. H.-Pkt.
Paderborn, Stadt	NW	403	0	381	0	192	0
Passau, Stadt	BY	400	0	390	0	300	0
Pforzheim, Stadt	BW	380	0	400	0	330	0
Plauen, Stadt	SN	420	0	410	0	300	0
Potsdam, Stadt	BB	450	0	493	0	250	0
Pulheim, Stadt	NW	420	0	401	0	160	0
Ratingen, Stadt	NW	400	0	380	0	180	0
Recklinghausen, Stadt	NW	450	0	475	0	285	0
Regensburg, Stadt	BY	425	0	395	0	295	0
Remscheid, Stadt	NW	450	0	490	0	230	0
Reutlingen, Stadt	BW	350	0	320	0	320	0
Rheine, Stadt	NW	403	0	401	0	192	0
Rosenheim, Stadt	BY	400	0	420	0	330	0
Rostock, Hansestadt	MV	450	0	450	0	300	0
Rüsselsheim, Stadt	HE	340	0	360	0	340	0
Saarbrücken, Landeshauptstadt	SL	428	0	430	0	275	0
Salzgitter, Stadt	NI	410	0	430	0	350	0
Sankt Augustin, Stadt	NW	470	0	430	0	270	0
Schwäbisch Gmünd, Stadt	BW	360	0	390	0	320	0
Schweinfurt, Stadt	BY	370	0	385	0	385	0
Schwerin, Landeshauptstadt	MV	420	30	450	40	300	40
Siegen, Stadt	NW	450	0	420	0	190	0
Sindelfingen, Stadt	BW	370	0	360	0	250	0
Solingen, Stadt	NW	450	0	490	0	205	0
Speyer, Stadt	RP	405	0	360	0	280	0
Stolberg (Rhld.), Stadt	NW	420	0	391	0	248	0
Stralsund, Hansestadt	MV	420	0	420	0	300	0
Stuttgart, Landeshauptstadt	BW	420	0	400	-20	400	-20
Trier, Stadt	RP	390	0	370	0	330	0
Troisdorf, Stadt	NW	440	0	390	0	370	0
Tübingen, Universitätsstadt	BW	360	0	475	0	360	0
Ulm, Universitätsstadt	BW	360	0	395	0	325	0
Unna, Stadt	NW	450	0	430	0	280	0
Velbert, Stadt	NW	440	0	420	0	215	0
Viersen, Stadt	NW	450	0	450	0	330	0
Villingen-Schwenningen,	BW	360	0	375	0	375	0

Gemeinden	Bundesland	Hebesätze 2009					
		Gewerbesteuer		GrSt B		GrSt A	
		in v. H.	Veränd. ggü. Vj. in v. H.-Pkt.	in v. H.	Veränd. ggü. Vj. in v. H.-Pkt.	in v. H.	Veränd. ggü. Vj. in v. H.-Pkt.
Stadt							
Waiblingen, Stadt	BW	350	0	350	0	265	0
Weimar, Stadt	TH	380	0	290	0	390	0
Wesel, Stadt	NW	440	0	410	0	220	0
Wetzlar, Stadt	HE	390	0	300	0	320	0
Wiesbaden, Landeshauptstadt	HE	440	0	475	0	275	0
Wilhelmshaven, Stadt	NI	395	0	410	0	410	0
Willich, Stadt	NW	410	0	380	0	190	0
Witten, Stadt	NW	440	0	470	0	197	0
Wolfenbüttel, Stadt	NI	380	0	380	0	300	0
Wolfsburg, Stadt	NI	360	0	420	0	270	0
Worms, Stadt	RP	400	0	370	0	270	0
Wuppertal, Stadt	NW	440	0	490	0	240	0
Würzburg, Stadt	BY	420	0	450	0	340	0
Zwickau, Stadt	SN	450	0	450	0	300	0

Tabelle 2

Realsteuer-Hebesätze 2009 der Gemeinden mit 50.000 und mehr Einwohnern
- nach Gewerbesteuer-Hebesätzen in aufsteigender Folge -

Gemeinden	Hebesätze 2009			Einwohner Stand: 31.12.2007	IHK-Bezirk
	GewSt	GrSt B	GrSt A		
Rüsselsheim, Stadt	340	360	340	59.203	DA
Bad Homburg v.d. Höhe, Stadt	350	240	190	51.903	F
Brandenburg an der Havel, Stadt	350	450	300	73.475	POTS
Frankfurt (Oder), Stadt	350	406	350	62.594	F/OD
Friedrichshafen, Stadt	350	340	300	58.271	WG
Lingen (Ems), Stadt	350	295	290	51.417	OS
Neu-Ulm, Stadt	350	350	335	51.700	A
Reutlingen, Stadt	350	320	320	112.431	RT
Waiblingen, Stadt	350	350	265	52.932	S
Nordhorn, Stadt	356	348	270	53.156	OS
Aalen, Stadt	360	349	300	66.790	HDH
Konstanz, Universitätsstadt	360	310	310	81.006	KN
Ludwigsburg, Stadt	360	310	310	87.280	S
Ludwigshafen am Rhein, Stadt	360	390	320	163.560	LU
Lüneburg, Stadt	360	390	280	72.057	LG
Schwäbisch Gmünd, Stadt	360	390	320	61.181	HDH
Tübingen, Universitätsstadt	360	475	360	83.740	RT
Ulm, Universitätsstadt	360	395	325	120.925	UL
Villingen-Schwenningen, Stadt	360	375	375	81.825	VS
Wolfsburg, Stadt	360	420	270	120.493	LG
Cuxhaven, Stadt	365	420	320	51.899	STD
Fulda, Stadt	365	315	170	63.886	FD
Göppingen, Stadt	365	370	370	57.627	S
Hameln, Stadt	365	420	340	58.517	H
Bayreuth, Stadt	370	400	250	73.503	BT
Celle, Stadt	370	410	270	71.146	LG
Cottbus, Stadt	370	450	400	103.837	COTT
Schweinfurt, Stadt	370	385	385	53.970	WÜ
Sindelfingen, Stadt	370	360	250	60.745	S
Flensburg, Stadt	375	460	350	86.630	FL
Neubrandenburg, Stadt	375	405	200	67.517	NEUB

Gemeinden	Hebesätze 2009			Einwohner Stand: 31.12.2007	IHK-Bezirk
	GewSt	GrSt B	GrSt A		
Neumünster, Stadt	375	375	375	77.936	KI
Baden-Baden, Stadt	380	455	455	54.855	KA
Gera, Stadt	380	370	270	102.733	GERA
Gütersloh, Stadt	380	300	175	96.284	BI
Heilbronn, Stadt	380	410	330	121.384	HN
Langenfeld (Rheinland), Stadt	380	356	170	58.947	D
Offenburg, Stadt	380	420	280	58.811	FR
Pforzheim, Stadt	380	400	330	119.156	PF
Weimar, Stadt	380	290	390	64.481	ERFU
Wolfenbüttel, Stadt	380	380	300	54.124	BS
Aschaffenburg, Stadt	385	350	200	68.664	AB
Kempten (Allgäu), Stadt	387	380	250	61.480	A
Bamberg, Stadt	390	425	280	69.574	BT
Esslingen am Neckar, Stadt	390	380	380	91.758	S
Neustadt an der Weinstraße, Stadt	390	350	270	53.506	LU
Norderstedt, Stadt	390	260	250	71.603	HL
Schwerin, Landeshauptstadt	390	410	260	96.280	SCHW
Trier, Stadt	390	370	330	103.518	TR
Wetzlar, Stadt	390	300	320	52.269	WZ
Bremerhaven, Stadt	395	530	220	116.045	BREM
Greifswald, Hansestadt	395	405	230	53.434	NEUB
Kaiserslautern, Stadt	395	370	280	98.044	LU
Koblenz, Stadt	395	360	300	105.888	KO
Neuwied, Stadt	395	340	270	65.750	KO
Wilhelmshaven, Stadt	395	410	410	82.797	OL
Garbsen, Stadt	398	398	398	62.942	H
Erfurt, Stadt	400	370	220	202.658	ERFU
Freiburg im Breisgau, Stadt	400	600	600	217.547	FR
Heidelberg, Stadt	400	470	250	144.634	MA
Herford, Stadt	400	381	200	65.060	BI
Hilden, Stadt	400	380	190	56.326	D
Ingolstadt, Stadt	400	460	350	122.167	M
Landshut, Stadt	400	405	300	61.923	PA
Marburg, Universitätsstadt	400	330	280	79.375	KS
Passau, Stadt	400	390	300	50.644	PA
Ratingen, Stadt	400	380	180	92.152	D

Gemeinden	Hebesätze 2009			Einwohner Stand: 31.12.2007	IHK-Bezirk
	GewSt	GrSt B	GrSt A		
Rosenheim, Stadt	400	420	330	60.394	M
Worms, Stadt	400	370	270	82.212	MZ
Bocholt, Stadt	403	381	222	73.640	MS
Ibbenbüren, Stadt	403	395	205	51.190	MS
Lippstadt, Stadt	403	381	192	67.109	AR
Paderborn, Stadt	403	381	192	144.258	BI
Rheine, Stadt	403	401	192	76.438	MS
Bad Salzuflen, Stadt	405	381	195	54.415	DT
Delmenhorst, Stadt	405	400	350	75.320	OL
Speyer, Stadt	405	360	280	50.648	LU
Berlin, Stadt	410	810	150	3.404.037	B
Detmold, Stadt	410	400	192	73.707	DT
Erlangen, Stadt	410	460	300	103.753	N
Hildesheim, Stadt	410	450	350	103.249	H
Karlsruhe, Stadt	410	370	370	286.327	KA
Minden, Stadt	410	381	228	83.099	BI
Oldenburg, Stadt	410	410	340	159.060	OL
Salzgitter, Stadt	410	430	350	106.665	BS
Willich, Stadt	410	380	190	51.995	KR
Jena, Stadt	415	380	220	102.494	GERA
Mannheim, Universitätsstadt	415	400	225	307.914	MA
Euskirchen, Stadt	418	380	240	55.360	AC
Emden, Stadt	420	440	320	51.742	EMD
Gießen, Universitätsstadt	420	360	330	73.958	GI
Hürth, Stadt	420	381	170	55.593	K
Plauen, Stadt	420	410	300	68.430	CHEM
Pulheim, Stadt	420	401	160	53.645	K
Stolberg (Rhld.), Stadt	420	391	248	58.540	AC
Stralsund, Hansestadt	420	420	300	58.288	ROST
Stuttgart, Landeshauptstadt	420	420	420	593.923	S
Würzburg, Stadt	420	450	340	134.913	WÜ
Arnsberg, Stadt	423	421	227	75.867	AR
Ahlen, Stadt	425	390	250	54.745	MS
Darmstadt, Stadt	425	370	252	141.257	DA
Fürth, Stadt	425	480	350	113.627	N
Osnabrück, Stadt	425	430	280	163.020	OS

Gemeinden	Hebesätze 2009			Einwohner Stand: 31.12.2007	IHK-Bezirk
	GewSt	GrSt B	GrSt A		
Regensburg, Stadt	425	395	295	131.342	R
Saarbrücken, Landeshauptstadt	428	430	275	177.870	SB
Eschweiler, Stadt	430	391	240	55.646	AC
Göttingen, Stadt	430	530	530	121.581	H
Gummersbach, Stadt	430	391	270	52.636	K
Hanau, Stadt	430	320	200	88.472	HU
Herten, Stadt	430	500	240	64.344	MS
Kiel, Landeshauptstadt	430	450	350	235.366	KI
Langenhagen, Stadt	430	385	385	51.388	H
Lübeck, Hansestadt	430	460	350	211.213	HL
Lüdenscheid, Stadt	432	398	232	78.032	HA
Dinslaken, Stadt	434	417	233	70.233	DU
Augsburg, Stadt	435	460	345	262.512	A
Bielefeld, Stadt	435	440	270	325.846	BI
Bremen, Stadt	440	580	250	547.934	HB
Dormagen, Stadt	440	381	220	63.474	KR
Erftstadt, Stadt	440	400	240	51.082	K
Gladbeck, Stadt	440	440	170	76.373	MS
Iserlohn, Stadt	440	400	200	96.546	HA
Kassel, Stadt	440	490	450	193.518	KS
Krefeld, Stadt	440	475	220	237.104	KR
Mainz, Stadt	440	400	290	196.425	MZ
Meerbusch, Stadt	440	400	230	54.180	KR
Menden (Sauerland), Stadt	440	440	230	57.599	HA
Münster, Stadt	440	420	210	272.106	MS
Offenbach am Main, Stadt	440	400	250	117.564	OF
Troisdorf, Stadt	440	420	370	74.790	BN
Velbert, Stadt	440	420	215	86.754	D
Wesel, Stadt	440	415	220	61.432	DU
Wiesbaden, Landeshauptstadt	440	475	275	275.562	WI
Witten, Stadt	440	470	197	100.248	BO
Wuppertal, Stadt	440	490	240	358.330	W
Aachen, Stadt	445	470	270	258.770	AC
Düsseldorf, Stadt	445	440	156	577.505	D
Neuss, Stadt	445	425	205	151.626	KR
Nürnberg, Stadt	447	490	332	500.855	N

Gemeinden	Hebesätze 2009			Einwohner Stand: 31.12.2007	IHK-Bezirk
	GewSt	GrSt B	GrSt A		
Bergheim, Stadt	450	430	300	62.897	K
Bergkamen, Stadt	450	410	260	52.054	DO
Bochum, Stadt	450	495	250	383.743	BO
Bonn, Stadt	450	500	250	314.299	BN
Braunschweig, Stadt	450	450	320	245.467	BS
Chemnitz, Stadt	450	475	300	245.700	CHEM
Dessau-Roßlau, Stadt	450	460	250	77.394	HALL
Dortmund, Stadt	450	470	184	587.624	DO
Dresden, Stadt	450	635	280	504.795	DRES
Düren, Stadt	450	470	223	92.614	AC
Görlitz, Stadt	450	500	360	57.111	DRES
Grevenbroich, Stadt	450	420	260	64.388	KR
Hagen, Stadt	450	495	245	195.671	HA
Halle (Saale), Stadt	450	440	250	235.720	HALL
Hamm, Stadt	450	465	210	183.672	DO
Köln, Stadt	450	500	165	989.766	K
Magdeburg, Landeshauptstadt	450	450	250	229.826	MAGD
Mönchengladbach, Stadt	450	475	220	260.951	KR
Potsdam, Stadt	450	493	250	148.813	POTS
Recklinghausen, Stadt	450	475	285	121.521	MS
Remscheid, Stadt	450	490	230	114.925	W
Rostock, Hansestadt	450	450	300	199.868	ROST
Siegen, Stadt	450	420	190	105.697	SI
Solingen, Stadt	450	490	205	162.948	W
Unna, Stadt	450	430	280	67.680	DO
Viersen, Stadt	450	450	330	75.975	KR
Zwickau, Stadt	450	450	300	96.786	CHEM
Bergisch Gladbach, Stadt	455	455	255	105.587	K
Dorsten, Stadt	460	450	225	79.136	MS
Frankfurt am Main, Stadt	460	460	175	652.610	F
Hannover, Landeshauptstadt	460	530	530	516.343	H
Herne, Stadt	460	500	240	169.991	BO
Kerpen, Stadt	460	450	300	64.425	K
Leipzig, Stadt	460	500	350	506.578	LEIP
Leverkusen, Stadt	460	500	250	161.336	K
Moers, Stadt	460	410	240	107.180	DU

Gemeinden	Hebesätze 2009			Einwohner Stand: 31.12.2007	IHK-Bezirk
	GewSt	GrSt B	GrSt A		
Castrop-Rauxel, Stadt	470	410	170	77.263	MS
Duisburg, Stadt	470	500	260	499.111	DU
Essen, Stadt	470	510	255	583.198	E
Hamburg, Freie und Hansestadt	470	540	225	1.754.182	HH
Hattingen, Stadt	470	500	250	56.700	BO
Lünen, Stadt	470	499	310	89.456	DO
Mülheim an der Ruhr, Stadt	470	500	230	169.414	E
Oberhausen, Stadt	470	505	250	218.181	E
Sankt Augustin, Stadt	470	430	270	56.216	BN
Gelsenkirchen, Stadt	480	530	265	266.772	MS
Marl, Stadt	480	530	200	90.113	MS
Bottrop, Stadt	490	530	265	118.975	MS
München, Landeshauptstadt	490	490	490	1.294.608	M

Tabelle 3

Realsteuer-Hebesätze 2009 der Gemeinden mit 50.000 und mehr Einwohnern - nach Bundesländern -

Die Tabellen sind auch im Internet unter „Recht und Fairplay"/"Steuerrecht" auf den Seiten des Deutschen Industrie- und Handelskammertages (www.dihk.de) abrufbar.

Baden-Württemberg							
Gemeindebezeichnung	Einwoner 31.12.2007	Hebesätze 2008 Stand: 31.12.2008			Hebesätze 2009		
		GewSt	GrStB	GrStA	GewSt	GrStB	GrStA
Aalen, Stadt	66.580	360	349	300	360	349	300
Baden-Baden, Stadt	54.853	380	455	455	380	455	455
Esslingen am Neckar, Stadt	91.557	390	380	380	390	380	380
Freiburg im Breisgau, Stadt	219.430	400	600	600	400	600	600
Friedrichshafen, Stadt	58.484	350	340	300	350	340	300
Göppingen, Stadt	57.396	365	370	370	365	370	370
Heidelberg, Stadt	145.311	400	470	250	400	470	250
Heilbronn, Stadt	121.627	380	410	330	380	410	330
Karlsruhe, Stadt	288.917	410	370	370	410	370	370
Konstanz, Universitätsstadt	81.511	360	310	310	360	310	310
Ludwigsburg, Stadt	87.349	360	310	310	360	310	310
Mannheim, Universitätsstadt	309.795	415	400	225	415	400	225
Offenburg, Stadt	58.993	380	420	280	380	420	280
Pforzheim, Stadt	119.423	380	400	330	380	400	330
Reutlingen, Stadt	112.458	350	320	320	350	320	320
Schwäbisch Gmünd, Stadt	60.892	360	390	320	360	390	320
Sindelfingen, Stadt	60.829	370	360	250	370	360	250
Stuttgart, Landeshauptstadt	597.176	420	420	420	420	400	400
Tübingen, Universitätsstadt	83.813	360	475	360	360	475	360
Ulm, Universitätsstadt	121.434	360	395	325	360	395	325
Villingen-Schwenningen, Stadt	81.417	360	375	375	360	375	375
Waiblingen, Stadt	52.790	350	350	265	350	350	265

Bayern							
Gemeinde-bezeichnung	Einwohner 31.12.2007	Hebesätze 2008 Stand: 31.12.2008			Hebesätze 2009		
		GewSt	GrStB	GrStA	GewSt	GrStB	GrStA
Aschaffenburg, Stadt	68.646	385	350	200	385	350	200
Augsburg, Stadt	262.992	435	460	345	435	460	345
Bamberg, Stadt	69.884	390	425	280	390	425	280
Bayreuth, Stadt	73.097	370	400	250	370	400	250
Erlangen, Stadt	104.650	410	460	300	410	460	300
Fürth, Stadt	114.130	425	480	350	425	480	350
Ingolstadt, Stadt	123.055	400	460	350	400	460	350
Kempten (Allgäu), Stadt	61.703	387	380	250	387	380	250
Landshut, Stadt	62.629	380	390	300	380	390	300
München, Landeshauptstadt	1.311.573	490	490	490	490	490	490
Neu-Ulm, Stadt	51.211	350	350	335	350	350	335
Nürnberg, Stadt	503.110	447	490	332	447	490	332
Passau, Stadt	50.741	400	390	300	400	390	300
Regensburg, Stadt	132.495	425	395	295	425	395	295
Rosenheim, Stadt	60.674	400	420	330	400	420	330
Schweinfurt, Stadt	53.798	370	385	385	370	385	385
Würzburg, Stadt	135.212	420	450	340	420	450	340

Berlin							
Gemeinde-bezeichnung	Einwoner 31.12.2007	Hebesätze 2008 Stand: 31.12.2008			Hebesätze 2009		
		GewSt	GrStB	GrStA	GewSt	GrStB	GrStA
Berlin, Stadt	3.416.255	410	810	150	410	810	150

Brandenburg							
Gemeinde-bezeichnung	Einwohner 31.12.2007	Hebesätze 2008 Stand: 31.12.2008			Hebesätze 2009		
		GewSt	GrStB	GrStA	GewSt	GrStB	GrStA
Brandenburg an der Havel, Stadt	72.954	350	450	300	350	450	300
Cottbus, Stadt	102.811	370	450	400	360	450	400
Frankfurt (Oder), Stadt	61.969	350	406	350	350	410	355
Potsdam, Stadt	150.833	450	493	250	450	493	250

Bremen							
Gemeinde-bezeichnung	Einwohner 31.12.2007	Hebesätze 2008 Stand: 31.12.2008			Hebesätze 2009		
		GewSt	GrStB	GrStA	GewSt	GrStB	GrStA
Bremen, Stadt	547.769	440	580	250	440	580	250
Bremerhaven, Stadt	115.313	395	530	220	395	530	220

Hamburg							
Gemeinde-bezeichnung	Einwohner 31.12.2007	Hebesätze 2008 Stand: 31.12.2008			Hebesätze 2009		
		GewSt	GrStB	GrStA	GewSt	GrStB	GrStA
Hamburg, Freie und Hansestadt	1.770.629	470	540	225	470	540	225

Hessen							
Gemeinde-bezeichnung	Einwohner 31.12.2007	Hebesätze 2008 Stand: 31.12.2008			Hebesätze 2009		
		GewSt	GrStB	GrStA	GewSt	GrStB	GrStA
Bad Homburg v.d. Höhe, Stadt	51.825	350	240	190	350	240	190
Darmstadt, Wissenschaftsstadt	142.191	425	370	252	425	370	252
Frankfurt am Main, Stadt	659.021	460	460	175	460	460	175
Fulda, Stadt	64.097	365	315	170	365	315	170
Gießen, Universitätsstadt	74.593	420	360	330	420	360	330
Hanau, Stadt	88.287	430	320	200	430	320	200
Kassel, documenta-Stadt	193.803	440	490	450	440	490	450
Marburg, Universitätsstadt	79.240	370	330	280	370	330	280
Offenbach am Main, Stadt	118.245	440	400	250	440	400	250
Rüsselsheim, Stadt	59.300	340	360	340	340	360	340
Wetzlar, Stadt	51.934	390	300	320	390	300	320
Wiesbaden, Landeshauptstadt	275.849	440	475	275	440	475	275

Mecklenburg-Vorpommern							
Gemeinde-bezeichnung	Einwohner 31.12.2007	Hebesätze 2008 Stand: 31.12.2008			Hebesätze 2009		
		GewSt	GrStB	GrStA	GewSt	GrStB	GrStA
Greifswald, Hansestadt	53.845	395	405	230	395	405	230
Neubrandenburg, Stadt[*]	66.735	375	410	275	375	410	275
Rostock, Hansestadt[*]	200.413	450	450	300	450	450	300
Schwerin, Landeshauptstadt	95.855	390	410	260	420	450	300
Stralsund, Hansestadt	58.027	420	420	300	420	420	300

[*] Haushaltssatzung 2009 ist noch nicht verabschiedet (Stand 8.7.2009)

Niedersachsen							
Gemeinde-bezeichnung	Einwohner 31.12.2007	Hebesätze 2008 Stand: 31.12.2008			Hebesätze 2009		
		GewSt	GrStB	GrStA	GewSt	GrStB	GrStA
Braunschweig, Stadt	245.810	450	450	320	450	450	320
Celle, Stadt	70.930	370	410	270	370	410	270
Cuxhaven, Stadt	51.587	365	420	320	365	420	320
Delmenhorst, Stadt	75.135	405	400	380	405	400	350
Emden, Stadt	51.714	420	440	320	420	440	320
Garbsen, Stadt	62.554	398	398	398	398	398	398
Göttingen, Stadt *)	121.513	430	530	530	430	530	530
Hameln, Stadt	58.563	365	420	340	365	420	340
Hannover, Landeshauptstadt	518.069	460	530	530	460	530	530
Hildesheim, Stadt	103.593	410	450	350	410	450	350
Langenhagen, Stadt	51.672	430	385	385	430	385	385
Lingen (Ems), Stadt	51.554	350	295	290	350	295	290
Lüneburg, Hansestadt	72.299	360	390	280	360	390	280
Nordhorn, Stadt	53.259	356	348	270	356	348	270
Oldenburg, Stadt	159.563	410	410	340	410	410	340
Osnabrück, Stadt	162.870	425	430	280	425	430	280
Salzgitter, Stadt	105.320	410	430	350	410	430	350
Wilhelmshaven, Stadt	82.192	395	410	410	395	410	410
Wolfenbüttel, Stadt	53.954	380	380	300	380	380	300
Wolfsburg, Stadt	120.009	360	420	270	360	420	270

*) Haushaltssatzung 2009 ist noch nicht verabschiedet (Stand 8.7.2009)

Nordrhein-Westfalen

Gemeinde-bezeichnung	Einwohner 31.12.2007	Hebesätze 2008 Stand: 31.12.2008			Hebesätze 2009		
		GewSt	GrStB	GrStA	GewSt	GrStB	GrStA
Aachen, Stadt	259.030	445	470	270	445	470	270
Ahlen, Stadt *)	54.343	425	390	250	425	390	250
Arnsberg, Stadt	75.624	423	421	227	423	421	227
Bad Salzuflen, Stadt *)	54.300	405	381	195	405	381	195
Bergheim, Stadt	62.722	450	430	300	450	430	300
Bergisch Gladbach, Stadt	105.840	455	455	255	455	455	255
Bergkamen, Stadt	51.661	450	410	260	450	410	260
Bielefeld, Stadt	324.912	435	440	270	435	440	270
Bocholt, Stadt *)	73.560	403	381	192	403	381	192
Bochum, Stadt *)	381.542	450	495	250	450	495	250
Bonn, Stadt	316.416	450	500	250	450	500	250
Bottrop, Stadt *)	118.597	490	530	265	490	530	265
Castrop-Rauxel, Stadt *)	76.876	470	410	170	470	410	170
Detmold, Stadt	73.583	410	400	192	410	400	192
Dinslaken, Stadt	70.053	434	417	233	434	417	233
Dormagen, Stadt	63.530	440	381	220	440	381	220
Dorsten, Stadt *)	78.547	460	450	225	460	450	225
Dortmund, Stadt	586.909	450	470	184	450	470	184
Duisburg, Stadt	496.665	470	500	260	470	500	260
Düren, Stadt	92.945	450	470	223	450	470	223
Düsseldorf, Stadt	581.122	445	440	156	440	440	156
Erftstadt, Stadt	50.972	420	400	240	420	400	240
Eschweiler, Stadt	55.729	430	391	240	430	391	240
Essen, Stadt	582.140	470	510	255	470	510	255
Euskirchen, Stadt	55.446	418	380	240	418	380	240
Gelsenkirchen, Stadt *)	264.765	480	530	265	480	530	265
Gladbeck, Stadt *)	75.997	440	440	170	440	440	170
Grevenbroich, Stadt	64.304	450	420	260	450	420	260
Gummersbach, Stadt	52.467	430	391	270	430	391	270
Gütersloh, Stadt	96.383	380	300	175	380	300	175
Hagen, Stadt *)	193.748	450	495	245	450	495	245
Hamm, Stadt	183.065	450	465	210	450	465	210
Hattingen, Stadt	56.608	470	500	250	470	500	250
Herford, Stadt	65.019	400	381	200	400	381	200
Herne, Stadt *)	168.454	460	500	240	460	500	240
Herten, Stadt *)	63.713	430	500	240	430	500	240
Hilden, Stadt	56.180	400	380	190	400	380	190
Hürth, Stadt	56.379	420	381	170	420	381	170
Ibbenbüren, Stadt *)	51.402	403	395	205	403	395	205
Iserlohn, Stadt	96.112	440	400	200	440	400	200

Nordrhein-Westfalen							
Gemeinde-bezeichnung	Einwohner 31.12.2007	Hebesätze 2008 Stand: 31.12.2008			Hebesätze 2009		
		GewSt	GrStB	GrStA	GewSt	GrStB	GrStA
Kerpen, Stadt	64.698	460	450	300	460	450	300
Köln, Stadt	995.397	450	500	165	450	500	165
Krefeld, Stadt	236.516	440	475	220	440	475	220
Langenfeld (Rheinland), Stadt	59.075	380	356	170	360	336	150
Leverkusen, Stadt *)	161.345	460	500	250	460	500	250
Lippstadt, Stadt	66.971	403	381	192	403	381	192
Lüdenscheid, Stadt	77.361	432	398	232	432	398	232
Lünen, Stadt	88.832	470	499	310	470	499	310
Marl, Stadt *)	89.735	480	530	200	480	530	200
Meerbusch, Stadt	54.152	440	400	230	440	400	230
Menden (Sauerland), Stadt	57.207	440	440	230	440	440	230
Minden, Stadt	83.028	410	381	228	410	381	228
Moers, Stadt	107.111	460	410	240	460	410	240
Mönchengladbach, Stadt	260.018	450	475	220	450	475	220
Mülheim an der Ruhr, Stadt	168.925	470	500	230	470	500	230
Münster, Stadt *)	272.951	440	420	210	440	420	210
Neuss, Stadt	151.449	445	425	205	445	425	205
Oberhausen, Stadt *)	217.108	470	505	250	490	530	250
Paderborn, Stadt	144.181	403	381	192	403	381	192
Pulheim, Stadt	53.752	420	401	160	420	401	160
Ratingen, Stadt	92.255	400	380	180	400	380	180
Recklinghausen, Stadt *)	120.536	450	475	285	450	475	285
Remscheid, Stadt *)	113.935	450	490	230	450	490	230
Rheine, Stadt *)	76.546	403	401	192	403	401	192
Sankt Augustin, Stadt	55.844	470	430	270	470	430	270
Siegen, Stadt	105.049	450	420	190	450	420	190
Solingen, Stadt	162.575	450	490	205	450	490	205
Stolberg (Rhld.), Stadt	58.294	420	391	248	420	391	248
Troisdorf, Stadt	74.940	440	390	370	440	390	370
Unna, Stadt	67.662	450	430	280	450	430	280
Velbert, Stadt	86.121	440	420	215	440	420	215
Viersen, Stadt	75.774	450	450	330	450	450	330
Wesel, Stadt	61.337	440	410	220	440	410	220
Willich, Stadt	52.046	410	380	190	410	380	190
Witten, Stadt *)	99.598	440	470	197	440	470	197
Wuppertal, Stadt	356.420	440	490	240	440	490	240

*) Haushaltssatzung 2009 ist noch nicht verabschiedet (Stand 8.7.2009)

Rheinland-Pfalz							
Gemeinde-bezeichnung	Einwohner 31.12.2007	Hebesätze 2008 Stand: 31.12.2008			Hebesätze 2009		
		GewSt	GrStB	GrStA	GewSt	GrStB	GrStA
Kaiserslautern, Stadt	97.770	395	370	280	395	370	280
Koblenz, Stadt	106.087	395	360	300	395	360	300
Ludwigshafen am Rhein, Stadt	163.777	360	390	320	360	390	320
Mainz, Stadt	198.118	440	400	290	440	400	290
Neustadt an der Weinstraße, Stadt	53.683	390	350	270	390	350	270
Neuwied, Stadt	65.319	395	340	270	395	340	270
Speyer, Stadt	50.673	405	360	280	405	360	280
Trier, Stadt	103.888	390	370	330	390	370	330
Worms, Stadt	82.290	400	370	270	400	370	270

Saarland							
Gemeinde-bezeichnung	Einwohner 31.12.2007	Hebesätze 2008 Stand: 31.12.2008			Hebesätze 2009		
		GewSt	GrStB	GrStA	GewSt	GrStB	GrStA
Saarbrücken, Landeshauptstadt	176.452	428	430	275	428	430	275

Sachsen							
Gemeinde-bezeichnung	Einwohner 31.12.2007	Hebesätze 2008 Stand: 31.12.2008			Hebesätze 2009		
		GewSt	GrStB	GrStA	GewSt	GrStB	GrStA
Chemnitz, Stadt	244.951	450	475	300	450	475	300
Dresden, Stadt	507.513	450	635	280	450	635	280
Görlitz, Stadt [*]	56.724	450	500	360	450	500	360
Leipzig, Stadt	510.512	460	500	350	460	500	350
Plauen, Stadt	67.613	420	410	300	420	410	300
Zwickau, Stadt	95.841	450	450	300	450	450	300

[*] Haushaltssatzung 2009 ist noch nicht verabschiedet (Stand 8.7.2009)

Sachsen-Anhalt							
Gemeinde-bezeichnung	Einwoner 31.12.2007	Hebesätze 2008 Stand: 31.12.2008			Hebesätze 2009		
		GewSt	GrStB	GrStA	GewSt	GrStB	GrStA
Dessau-Roßlau, Stadt	89.934	450	460	250	450	460	250
Halle (Saale), Stadt *)	234.295	450	440	250	450	440	250
Magdeburg, Landeshauptstadt	230.140	450	450	250	450	450	250

*) Haushaltssatzung 2009 ist noch nicht verabschiedet (Stand 8.7.2009)

Schleswig-Holstein							
Gemeinde-bezeichnung	Einwohner 31.12.2007	Hebesätze 2008 Stand: 31.12.2008			Hebesätze 2009		
		GewSt	GrStB	GrStA	GewSt	GrStB	GrStA
Flensburg, Stadt	87.792	375	460	350	375	460	350
Kiel, Landeshauptstadt *)	236.902	430	450	350	430	450	350
Lübeck, Hansestadt	211.541	430	460	350	430	460	350
Neumünster, Stadt *)	77.595	375	375	375	375	375	375
Norderstedt, Stadt	71.903	390	260	250	390	260	250

*) Haushaltssatzung 2009 ist noch nicht verabschiedet (Stand 8.7.2009)

Thüringen							
Gemeinde-bezeichnung	Einwoner 31.12.2007	Hebesätze 2008 Stand: 31.12.2008			Hebesätze 2009		
		GewSt	GrStB	GrStA	GewSt	GrStB	GrStA
Erfurt, Stadt	202.929	400	370	220	400	370	220
Gera, Stadt	101.618	380	370	270	380	370	270
Jena, Stadt	102.752	415	380	220	395	380	220
Weimar, Stadt	64.720	380	290	390	380	290	390

IFSt-Schriften 2008 / 2009

2008

Nr. 448 Zur Rechtsverbindlichkeit der internationalen Rechnungslegungsstandards (IAS/IFRS) — 15,00 €

Nr. 449 Aufteilung der Besteuerungsbefugnisse – Ein Rechtfertigungsgrund für die Einschränkung von EG-Grundfreiheiten? — 21,00 €

Nr. 450 Grenzüberschreitende Verlustverrechnung im Konzern – Ansatzpunkte für eine Reform der deutschen Gruppenbesteuerung vor dem Hintergrund ausländischer Erfahrungen – — 21,00 €

Nr. 451 Entwicklung wesentlicher Daten der öffentlichen Finanzwirtschaft in Deutschland von 1997 - 2007 — 11,00 €

Nr. 452 Entwicklung der Realsteuerhebesätze der Gemeinden mit 50.000 und mehr Einwohnern im Jahr 2008 gegenüber 2007 — 16,00 €

Nr. 453 Konsolidierungskurs beibehalten – „Übertreibungen" bei der Unternehmensteuerreform zurücknehmen!

(Vortrag von Dr. Ludolf v. Wartenberg, Vorsitzender des Kuratoriums des Instituts „Finanzen und Steuern)

Mehr Netto vom Brutto
– Finanz- und Steuerpolitik aus Sicht des Bundeswirtschaftsministers –

(Vortrag von Michael Glos, Bundeswirtschaftsminister für Wirtschaft und Technologie)   6,50 €

2009

Nr. 454 Die Belastung durch Einkommensteuer und Sozialabgaben
- Entwicklung und Perspektiven -   22,00 €

Nr. 455 Zur Abwehr von Steuerumgehungen aus deutscher und europäischer Sicht   19,50 €

Nr. 456 Entwicklung wesentlicher Daten der öffentlichen Finanzwirtschaft in Deutschland von 1998 - 2008   11,50 €

Nr. 457 DBA-Verständigungsverfahren
- Probleme und Verbesserungsvorschläge -   13,50 €

Nr. 458 Entwicklung der Realsteuerhebesätze der Gemeinden mit 50.000 und mehr Einwohnern im Jahr 2009 gegenüber 2008   17,00 €